JN441334

제5판

句로

끝내는 중국어 회화

하

베이징대학출판사 편
康玉华 · 来思平 편저
최용철 편역

다락원

『제5판 301句로 끝내는 중국어 회화[원제: 汉语会话301句(第五版)]는 중국어를 처음 배우는 학습자가 가장 쉽고 효율적으로 중국어를 학습할 수 있도록 돕기 위해 개발된 단기 완성 교재입니다.

본 교재는 베이징어언대학의 康玉华, 来思平 두 교수가 편저하였으며, 베이징어언대학출판사에서 1990년 초판이 출간되었고, 그 후 1998년 제2판, 2005년 제3판이 출간되었습니다. 2015년 제4판부터는 베이징대학출판사에서 출간되고 있습니다.

본 교재는 한국, 미국, 프랑스, 일본 등 세계 주요 국가에 번역 출판되고 있는 대표적인 중국어 교재로, 전 세계에서 가장 많이 판매되고 있는 중국어 교재 중 하나입니다. 초판 출간 이후 지금까지 오랜 시간 중국어 교재 분야에서 베스트셀러, 스테디셀러의 명성을 유지하고 있습니다.

이번 제5판의 주요 개정 방향은 크게 3가지로 설명할 수 있습니다.
첫째, 원래의 기본 표현과 순서는 유지하면서 시대에 뒤떨어진 내용을 수정하는 한편, 현재의 중국 사회를 반영할 수 있는 내용으로 교체하였습니다. (예: 위챗, 택배 등 어휘 추가)
둘째, 학습 내용의 편성에 더욱 공을 들이고, 새 단어 설정과 번역에 세심함을 기울였으며, 설명이 더욱 충실해졌습니다.
셋째, 교재와 함께 사용할 수 있는 워크북을 출시하여 의사소통 중심으로 연습할 수 있도록 하였습니다.

좋은 교재는 여러 차례의 개정을 통해서 만들어집니다. 중국어 교재가 그 어느 때보다 다양한 상황에서 고전 교재의 개정은 그 표준적 의미가 더욱 두드러집니다. 1990년 초판 출간 이후, 이 책은 끊임없는 연구와 발전을 통해 중국어 교육이 발전해 온 과정을 함께 증명해 왔으며, 그 흐름의 선두에서 눈에 띄는 물결이 되었습니다. 이번 개정을 통해 교사에게는 가르치기 가장 좋은 교재이며, 학습자에게는 학습 효과가 가장 좋은 교재라는 자부심을 이어가고자 합니다.

『제5판 301句로 끝내는 중국어회화』는 상권, 하권, 합본, 워크북으로 구성되어 있습니다.

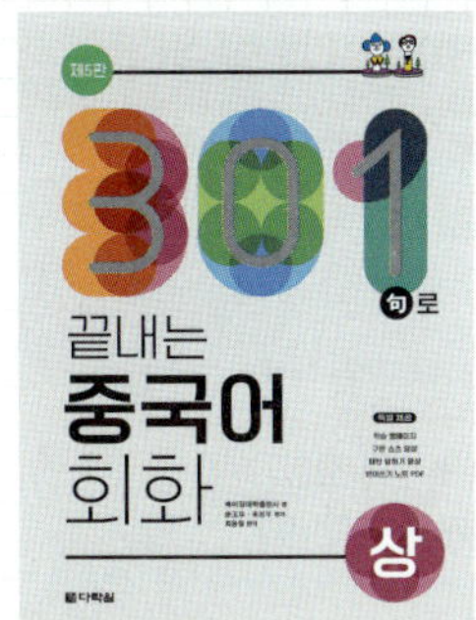

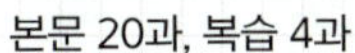
본문 20과, 복습 4과

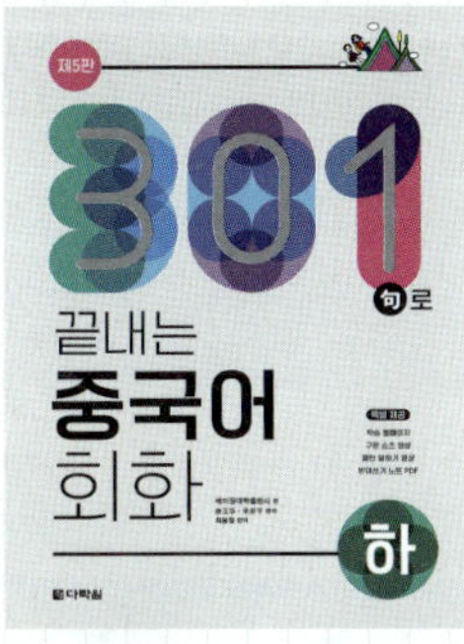

본문 20과, 복습 4과

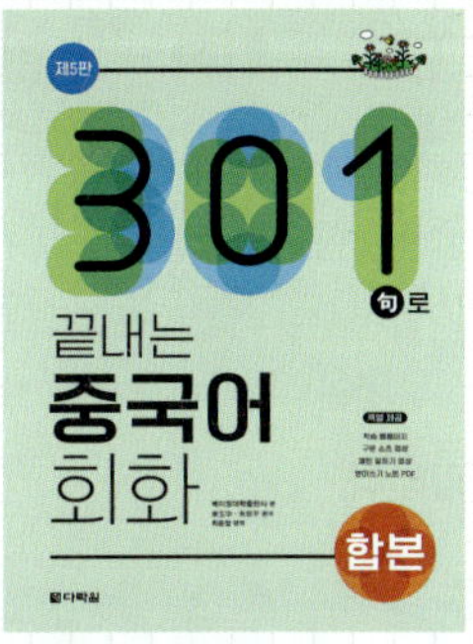

본문 40과, 복습 8과
*합본: 상권+하권

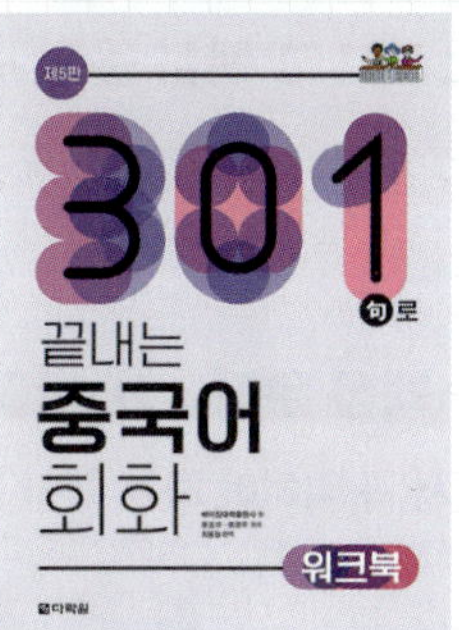

총 40과의 본문, 8과의 복습 학습을 통해 기본 의사소통 학습을 위한 다양한 소재와 800여 개의 단어, 기초 중국어 문법을 다루고 있습니다. 각 과는 301句, 새 단어, 본문 회화, 확장 표현, 어법 설명, 연습 문제의 6가지 부분으로 구성되어 있습니다.

이 책은 초급 학습자가 중국어로 의사소통할 수 있는 능력을 기르는 데 중점을 두고 있으며, 의사소통 기능과 문법 구조를 결합한 방식으로 구성되었습니다. 현대 중국어에서 가장 자주 쓰이고, 가장 기본적으로 사용되는 문장들을 일상생활 속에서 제시하여 학습자들이 단기간에 기본 회화 301句를 익히고, 응용하고 확장하는 연습을 통해 중국인과 자연스러운 의사소통할 수 있는 수준에 도달하여 이후 중국어 학습을 위한 기초를 다질 수 있도록 하였습니다.

『최신개정 301句로 끝내는 중국어 회화』는 원서의 특장점은 살리면서, 현재 한국 학습자의 언어 학습 환경에 가장 적합하게 만들고자 고심을 거듭하여 출간되었습니다.

원서에는 없는 영상 학습 자료를 추가하고, 301구 대표 문장과 새 단어를 익힐 수 있는 전용 웹페이지를 별도 개발하였습니다. 또한, 모든 문제에 모범답안을 제시하여 학습 효율과 학습자의 편의를 최우선으로 하였습니다. 구판에서 제기되었던 몇몇 문제점을 극복하고, 한국 교수 현장에 최적화될 수 있도록 기획하고 준비한 만큼, 이 책을 사용하는 선생님들과 학습자 모두에게 더욱 사랑받는 교재로 거듭나길 바랍니다.

다락원 중국어출판부

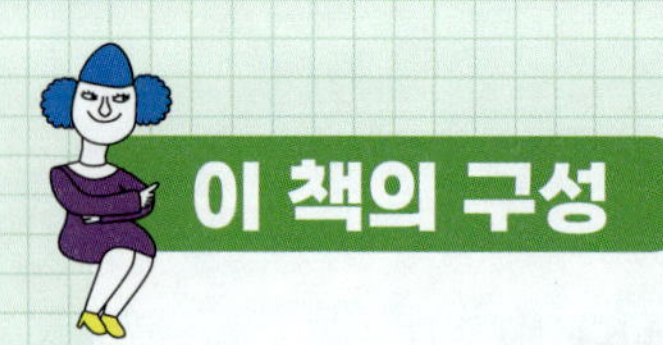

이 책의 구성

이 책은 본문 20과와 복습 4과로 구성되어 있습니다.
각 과는 **301句 핵심 문장 – 새 단어 – 회화 – 표현 – 어법 – 연습문제** 순서로 이루어져 있습니다.

301句 핵심 문장 • 새 단어

각 과에서 꼭 익혀야 하는 핵심 문장입니다.

구문 쇼츠 영상
구문 쇼츠 영상으로 재미있게 공부합니다.

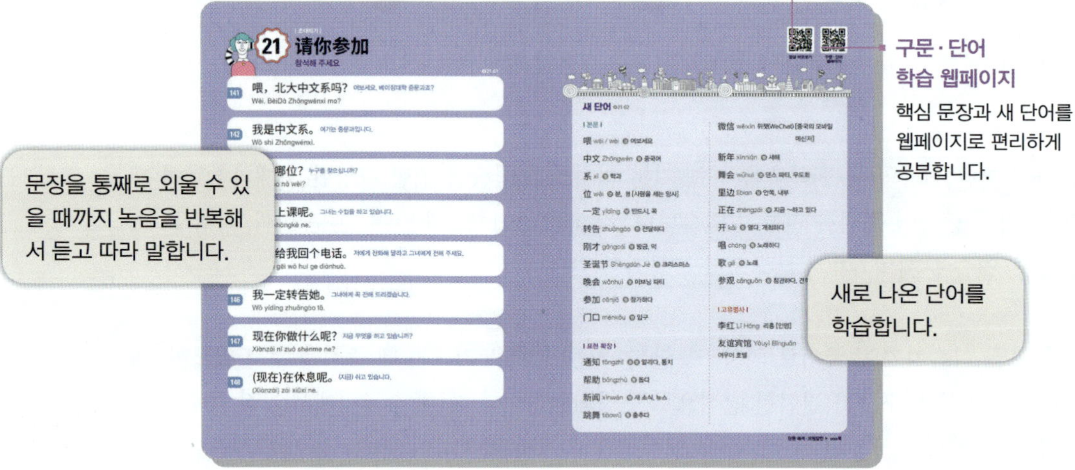

문장을 통째로 외울 수 있을 때까지 녹음을 반복해서 듣고 따라 말합니다.

구문·단어 학습 웹페이지
핵심 문장과 새 단어를 웹페이지로 편리하게 공부합니다.

새로 나온 단어를 학습합니다.

회화

같은 주제, 다른 상황의 회화가 2~3개 나옵니다.

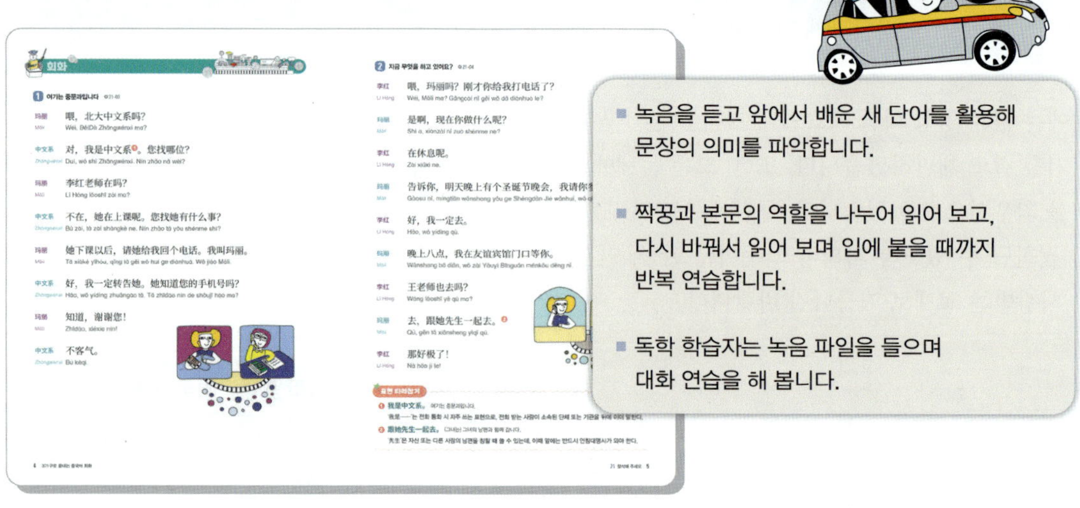

- 녹음을 듣고 앞에서 배운 새 단어를 활용해 문장의 의미를 파악합니다.
- 짝꿍과 본문의 역할을 나누어 읽어 보고, 다시 바꿔서 읽어 보며 입에 붙을 때까지 반복 연습합니다.
- 독학 학습자는 녹음 파일을 들으며 대화 연습을 해 봅니다.

표현 • 어법

패턴 말하기 영상

혼자서도 말하기 연습이 가능합니다.

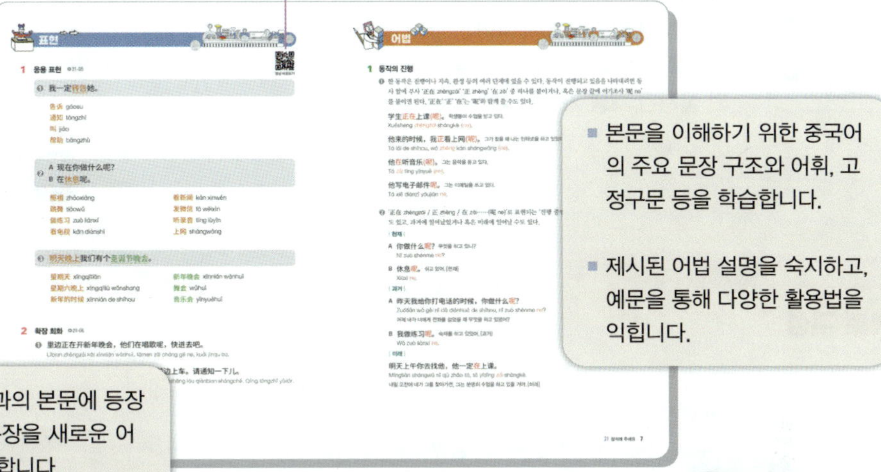

- 본문을 이해하기 위한 중국어의 주요 문장 구조와 어휘, 고정구문 등을 학습합니다.
- 제시된 어법 설명을 숙지하고, 예문을 통해 다양한 활용법을 익힙니다.

- 응용 표현: 각 과의 본문에 등장한 핵심 기본 문장을 새로운 어휘로 교체 연습합니다.
- 확장 회화: 본문 회화에서 좀 더 확장된 문장을 익혀 봅니다.

연습문제

읽기, 쓰기, 듣기, 말하기, 발음하기 등 다양한 유형의 문제를 풀며 배운 내용을 되새김하고 학습 성과를 점검합니다. 학습자 스스로가 부족한 영역을 보충하여 연습할 수 있습니다.

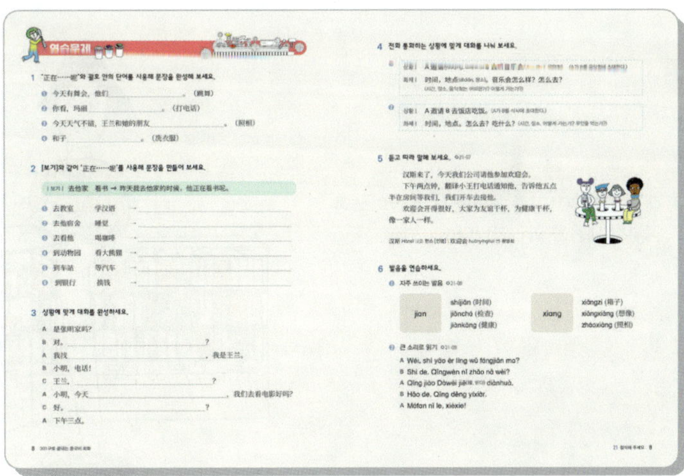

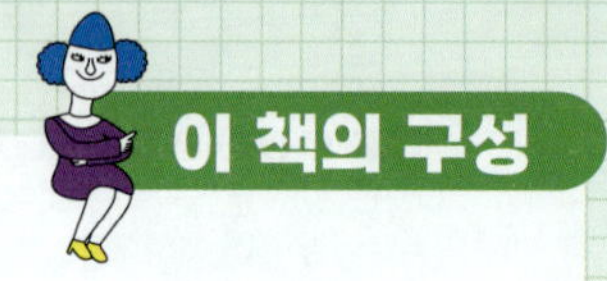

MP3 음원

원어민의 음성 녹음을 반복해서 들으며 정확한 발음을 학습합니다. 교재 페이지마다 MP3 파일의 해당 트랙 번호가 기재되어 있습니다. MP3 음원은 다락원 홈페이지(www.darakwon.co.kr)에서 무료로 다운로드 하실 수 있습니다. 스마트폰으로 QR 코드를 스캔하면 MP3 다운로드 및 실시간 재생 가능한 페이지로 바로 연결됩니다.

특별 구성

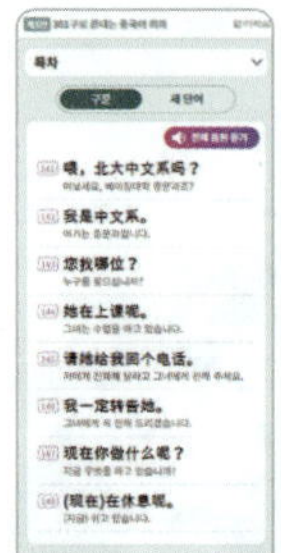

- 구문·단어 학습 웹페이지

핵심 문장과 새 단어를 웹페이지로 편리하게 공부합니다.
텍스트만 클릭해도 해당 부분의 음원이 재생됩니다.

- 구문 쇼츠 영상
- 패턴 말하기 영상

구문 쇼츠 영상으로 재미있게 공부합니다.
패턴 말하기 영상으로 혼자서도 말하기 연습이 가능합니다.

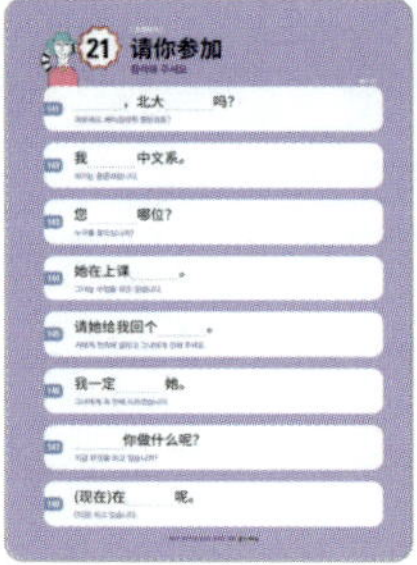

- 받아쓰기 노트 PDF

대표 문장 301구를 음원을 듣고 받아쓰며 공부한 내용을 확인합니다.

차례

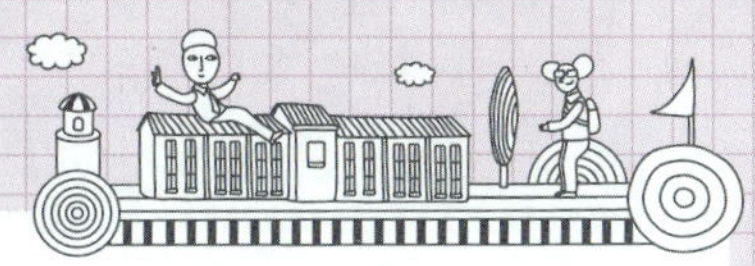

차례

일러두기

이 책의 표기 규칙

❶ 이 책에 나오는 중국의 지명이나 건물, 기관, 관광명소의 명칭 등은 중국어 발음을 한국어로 표기하는 것을 원칙으로 하였습니다. 단, 우리에게 이미 잘 알려진 장소에 한하여 익숙한 발음으로 표기하였습니다.

예 北京 → 베이징　　长城 → 만리장성　　香港 → 홍콩

❷ 인명은 각 나라에서 실제 사용하는 발음으로 표기하였습니다.

예 玛丽 → 메리　　王兰 → 왕란　　李成日 → 이성일

❸ 중국어의 품사는 다음과 같이 약어로 표시하였습니다.

명사	명	조사	조	접속사	접
동사	동	개사	개	조동사	조동
형용사	형	부사	부	감탄사	감
대명사	대	수사	수	고유명사	고유
양사	양	수량사	수량	성어	성

❹ 『현대한어사전(现代汉语词典)』에서는 '学生'의 성조를 'xué · shēng'으로 표기하였으나, 이 책은『汉语会话301句』 원서에 기준하여 'xuésheng'으로 표기하였습니다.

이 책의 등장인물

데이비드 | 프랑스인

메리 | 미국인

왕란 | 중국인

리우징 | 중국인

가즈코 | 일본인

장리잉 | 중국인

이성일 | 한국인

왕 교수 | 중국인

장 교수 | 중국인

리 교수 | 중국인

| 초대하기 |

21 请你参加

참석해 주세요

▶21-01

141 喂，北大中文系吗？ 여보세요, 베이징대학 중문과죠?
Wéi, BěiDà Zhōngwénxì ma?

142 我是中文系。 여기는 중문과입니다.
Wǒ shì Zhōngwénxì.

143 您找哪位？ 누구를 찾으십니까?
Nín zhǎo nǎ wèi?

144 她在上课呢。 그녀는 수업을 하고 있습니다.
Tā zài shàngkè ne.

145 请她给我回个电话。 저에게 전화해 달라고 그녀에게 전해 주세요.
Qǐng tā gěi wǒ huí ge diànhuà.

146 我一定转告她。 그녀에게 꼭 전해 드리겠습니다.
Wǒ yídìng zhuǎngào tā.

147 现在你做什么呢？ 지금 무엇을 하고 있습니까?
Xiànzài nǐ zuò shénme ne?

148 (现在)在休息呢。 (지금) 쉬고 있습니다.
(Xiànzài) zài xiūxi ne.

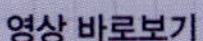

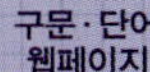

새 단어 21-02

喂 wéi / wèi 감 여보세요

中文 Zhōngwén 명 중국어

系 xì 명 학과

位 wèi 양 분, 명 [사람을 세는 양사]

一定 yídìng 부 반드시, 꼭

转告 zhuǎngào 동 전달하다

刚才 gāngcái 명 방금, 막

圣诞节 Shèngdàn Jié 명 크리스마스

晚会 wǎnhuì 명 이브닝 파티

参加 cānjiā 동 참가하다

门口 ménkǒu 명 입구

표현 확장

通知 tōngzhī 동 명 알리다, 통지, 공지

帮助 bāngzhù 동 돕다

新闻 xīnwén 명 새 소식, 뉴스

跳舞 tiàowǔ 동 춤추다

新年 xīnnián 명 새해

舞会 wǔhuì 명 댄스 파티, 무도회

里边 lǐbian 명 안쪽, 내부

正在 zhèngzài 부 지금 ~하고 있다

开 kāi 동 열다, 개최하다

唱 chàng 동 노래하다

歌 gē 명 노래

参观 cānguān 동 참관하다, 견학하다

고유명사

李红 Lǐ Hóng 리홍 [인명]

友谊宾馆 Yǒuyì Bīnguǎn 여우이 호텔

단원 해석·모범답안 ▶ 230쪽

회화

1 여기는 중문과입니다 ▶21-03

玛丽 喂，北大中文系吗？
Mǎlì Wéi, BěiDà Zhōngwénxì ma?

中文系 对，我是中文系❶。您找哪位？
Zhōngwénxì Duì, wǒ shì Zhōngwénxì. Nín zhǎo nǎ wèi?

玛丽 李红老师在吗？
Mǎlì Lǐ Hóng lǎoshī zài ma?

中文系 不在，她在上课呢。您找她有什么事？
Zhōngwénxì Bú zài, tā zài shàngkè ne. Nín zhǎo tā yǒu shénme shì?

玛丽 她下课以后，请她给我回个电话。我叫玛丽。
Mǎlì Tā xiàkè yǐhòu, qǐng tā gěi wǒ huí ge diànhuà. Wǒ jiào Mǎlì.

中文系 好，我一定转告她。她知道您的手机号吗？
Zhōngwénxì Hǎo, wǒ yídìng zhuǎngào tā. Tā zhīdao nín de shǒujī hào ma?

玛丽 知道，谢谢您！
Mǎlì Zhīdao, xièxie nín!

中文系 不客气。
Zhōngwénxì Bú kèqi.

2 지금 무엇을 하고 있어요? ⊙21-04

李红 Lǐ Hóng	喂，玛丽吗？刚才你给我打电话了？ Wéi, Mǎlì ma? Gāngcái nǐ gěi wǒ dǎ diànhuà le?
玛丽 Mǎlì	是啊，现在你做什么呢？ Shì a, xiànzài nǐ zuò shénme ne?
李红 Lǐ Hóng	在休息呢。 Zài xiūxi ne.
玛丽 Mǎlì	告诉你，明天晚上有个圣诞节晚会，我请你参加。 Gàosu nǐ, míngtiān wǎnshang yǒu ge Shèngdàn Jié wǎnhuì, wǒ qǐng nǐ cānjiā.
李红 Lǐ Hóng	好，我一定去。 Hǎo, wǒ yídìng qù.
玛丽 Mǎlì	晚上八点，我在友谊宾馆门口等你。 Wǎnshang bā diǎn, wǒ zài Yǒuyì Bīnguǎn ménkǒu děng nǐ.
李红 Lǐ Hóng	王老师也去吗？ Wáng lǎoshī yě qù ma?
玛丽 Mǎlì	去，跟她先生一起去❷。 Qù, gēn tā xiānsheng yìqǐ qù.
李红 Lǐ Hóng	那好极了！ Nà hǎo jí le!

표현 따라잡기

❶ **我是中文系。** 여기는 중문과입니다.

'我是……'는 전화 통화 시 자주 쓰는 표현으로, 전화 받는 사람이 소속된 단체 또는 기관을 뒤에 이어 말한다.

❷ **跟她先生一起去。** (그녀는) 그녀의 남편과 함께 갑니다.

'先生'은 자신 또는 다른 사람의 남편을 칭할 때 쓸 수 있는데, 이때 앞에는 반드시 인칭대명사가 와야 한다.

표현

영상 바로보기

1 응용 표현 ▶21-05

❶ 我一定转告她。

告诉 gàosu
通知 tōngzhī
叫 jiào
帮助 bāngzhù

❷ A 现在你做什么呢?
B 在休息呢。

照相 zhàoxiàng
跳舞 tiàowǔ
做练习 zuò liànxí
看电视 kàn diànshì
看新闻 kàn xīnwén
发微信 fā wēixìn
听录音 tīng lùyīn
上网 shàngwǎng

❸ 明天晚上我们有个圣诞节晚会。

星期天 xīngqītiān
星期六晚上 xīngqīliù wǎnshang
新年的时候 xīnnián de shíhou
新年晚会 xīnnián wǎnhuì
舞会 wǔhuì
音乐会 yīnyuèhuì

2 확장 회화 ▶21-06

❶ 里边正在开新年晚会，他们在唱歌呢，快进去吧。
Lǐbian zhèngzài kāi xīnnián wǎnhuì, tāmen zài chàng gē ne, kuài jìnqu ba.

❷ 明天上午去参观，八点在留学生楼前边上车。请通知一下儿。
Míngtiān shàngwǔ qù cānguān, bā diǎn zài liúxuéshēng lóu qiánbian shàngchē. Qǐng tōngzhī yíxiàr.

어법

1 동작의 진행

❶ 한 동작은 진행이나 지속, 완성 등의 여러 단계에 있을 수 있다. 동작이 진행되고 있음을 나타내려면 동사 앞에 부사 '正在 zhèngzài' '正 zhèng' '在 zài' 중 하나를 붙이거나, 혹은 문장 끝에 어기조사 '呢 ne'를 붙이면 된다. '正在' '正' '在'는 '呢'와 함께 쓸 수도 있다.

学生正在上课(呢)。 학생들이 수업을 받고 있다.
Xuésheng zhèngzài shàngkè (ne).

他来的时候，我正上网(呢)。 그가 왔을 때 나는 인터넷을 하고 있었다.
Tā lái de shíhou, wǒ zhèng shàngwǎng (ne).

他在听音乐(呢)。 그는 음악을 듣고 있다.
Tā zài tīng yīnyuè (ne).

他写电子邮件呢。 그는 이메일을 쓰고 있다.
Tā xiě diànzǐ yóujiàn ne.

❷ '正在 zhèngzài / 正 zhèng / 在 zài……(呢 ne)'로 표현되는 '진행 중인 동작'은 현재 일어나고 있을 수도 있고, 과거에 일어났었거나 혹은 미래에 일어날 수도 있다.

| 현재 |

A 你做什么呢? 무엇을 하고 있니?
Nǐ zuò shénme ne?

B 休息呢。 쉬고 있어. [현재]
Xiūxi ne.

| 과거 |

A 昨天我给你打电话的时候，你做什么呢?
Zuótiān wǒ gěi nǐ dǎ diànhuà de shíhou, nǐ zuò shénme ne?
어제 내가 너에게 전화를 걸었을 때 무엇을 하고 있었어?

B 我做练习呢。 숙제를 하고 있었어. [과거]
Wǒ zuò liànxí ne.

| 미래 |

明天上午你去找他，他一定在上课。
Míngtiān shàngwǔ nǐ qù zhǎo tā, tā yídìng zài shàngkè.
내일 오전에 네가 그를 찾아가면, 그는 분명히 수업을 하고 있을 거야. [미래]

연습문제

1 '正在……呢'와 괄호 안의 단어를 사용해 문장을 완성해 보세요.

❶ 今天有舞会，他们＿＿＿＿＿＿＿＿＿＿。（跳舞）

❷ 你看，玛丽＿＿＿＿＿＿＿＿＿＿。（打电话）

❸ 今天天气不错，王兰和她的朋友＿＿＿＿＿＿＿＿＿＿。（照相）

❹ 和子＿＿＿＿＿＿＿＿＿＿。（洗衣服）

2 [보기]와 같이 '正在……呢'를 사용해 문장을 만들어 보세요.

| 보기 | 去他家　看书 ➜ 昨天我去他家的时候，他正在看书呢。

❶ 去教室　学汉语　→ ＿＿＿＿＿＿＿＿＿＿

❷ 去他宿舍　睡觉　→ ＿＿＿＿＿＿＿＿＿＿

❸ 去看他　喝咖啡　→ ＿＿＿＿＿＿＿＿＿＿

❹ 到动物园　看大熊猫　→ ＿＿＿＿＿＿＿＿＿＿

❺ 到车站　等汽车　→ ＿＿＿＿＿＿＿＿＿＿

❻ 到银行　换钱　→ ＿＿＿＿＿＿＿＿＿＿

3 상황에 맞게 대화를 완성하세요.

王　是小明家吗?

A　对。＿＿＿＿＿＿＿＿＿＿?

王　我找＿＿＿＿＿＿＿＿＿＿，我是王兰。

A　小明，电话!

B　喂，＿＿＿＿＿＿＿＿＿＿?

王　小明，＿＿＿＿＿＿＿＿＿＿，我们去看电影好吗?

B　好。＿＿＿＿＿＿＿＿＿＿?

王　下午三点。

4 전화 통화하는 상황에 맞게 대화를 나눠 보세요.

❶
상황 | A 邀请(yāoqǐng, 초대하다) B 去听音乐会(yīnyuèhuì, 음악회)。(A가 B를 음악회에 초대한다.)

화제 | 时间、地点(dìdiǎn, 장소)。音乐会怎么样？怎么去？
(시간, 장소. 음악회는 어떠한가? 어떻게 가는가?)

❷
상황 | A 邀请 B 去饭店吃饭。(A가 B를 식사에 초대한다.)

화제 | 时间、地点。怎么去？吃什么？(시간, 장소. 어떻게 가는가? 무엇을 먹는가?)

5 듣고 따라 말해 보세요. ▶21-07

汉斯来了，今天我们公司请他参加欢迎会。

下午两点钟，翻译小王打电话通知他，告诉他五点半在房间等我们，我们开车去接他。

欢迎会开得很好，大家为友谊干杯，为健康干杯，像一家人一样。

汉斯 Hànsī 고유 한스 [인명] | 欢迎会 huānyínghuì 명 환영회

6 발음을 연습하세요.

❶ 자주 쓰이는 발음 ▶21-08

jian	shíjiān (时间) jiǎnchá (检查) jiànkāng (健康)	xiang	xiāngzi (箱子) xiǎngxiàng (想像) zhàoxiàng (照相)

❷ 큰 소리로 읽기 ▶21-09

A Wéi, shì yāo èr líng wǔ fángjiān ma?
B Shì de. Qǐngwèn nǐ zhǎo nǎ wèi?
A Qǐng jiào Dàwèi jiē(接, 받다) diànhuà.
B Hǎo de. Qǐng děng yíxiàr.
A Máfan nǐ le, xièxie!

| 정중히 거절하기 |

22 我不能去

나는 갈 수 없습니다

22-01

149 我买了两张票。 나는 표 두 장을 샀습니다.
Wǒ mǎi le liǎng zhāng piào.

150 真不巧，我不能去。 정말 공교롭게도 나는 갈 수 없습니다.
Zhēn bù qiǎo, wǒ bù néng qù.

151 今天你不能去，那就以后再说吧。
Jīntiān nǐ bù néng qù, nà jiù yǐhòu zàishuō ba.
오늘 당신이 갈 수 없다면 나중에 다시 이야기합시다.

152 我很想去，可是我有个约会。
Wǒ hěn xiǎng qù, kěshì wǒ yǒu ge yuēhuì.
나는 정말 가고 싶지만 약속이 있습니다.

153 你是跟女朋友约会吗？ 여자 친구와 데이트합니까?
Nǐ shì gēn nǚpéngyou yuēhuì ma?

154 有个同学来看我，我要等他。
Yǒu ge tóngxué lái kàn wǒ, wǒ yào děng tā.
학교 친구가 나를 보러 오기로 해서 그를 기다려야 합니다.

155 我们好几年没见面了。 우리는 여러 해 동안 만나지 못했습니다.
Wǒmen hǎojǐ nián méi jiànmiàn le.

156 这星期我没空儿。 이번 주에는 시간이 없습니다.
Zhè xīngqī wǒ méi kòngr.

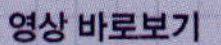

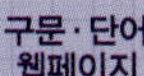

새 단어 ▶22-02

巧 qiǎo 형 공교롭다, 꼭 맞다

再说 zàishuō 동 (후에) 다시 논의하거나 처리하다

可是 kěshì 접 그러나

约会 yuēhuì 명동 약속, 만날 약속을 하다

女朋友 nǚpéngyou 명 여자 친구

同学 tóngxué 명 학우, 학교 친구

好几 hǎojǐ 수 여러, 몇 [수가 많거나 시간이 오래됨을 나타냄]

见面 jiànmiàn 동 만나다, 보다

空儿 kòngr 명 시간, 짬, 여유

后天 hòutiān 명 모레

复习 fùxí 동 복습하다

刚 gāng 부 방금, 막

陪 péi 동 모시다, 동반하다

| 표현 확장 |

句子 jùzi 명 문장

封 fēng 양 통 [싸여 있거나 봉해져 있는 물건에 쓰이는 양사]

会 huì 명 모임, 집회

正 zhèng 부 마침, 바로

姑娘 gūniang 명 아가씨, 처녀

漂亮 piàoliang 형 예쁘다

高 gāo 형 (키가) 크다, 높다

个子 gèzi 명 키

단원 해석·모범답안 ▶ 231쪽

회화

1 표 두 장을 샀어요 ▶22-03

张丽英 我买了两张票，请你看京剧。
Zhāng Lìyīng Wǒ mǎi le liǎng zhāng piào, qǐng nǐ kàn jīngjù.

玛丽 是吗❶？什么时候的？
Mǎlì Shì ma? Shénme shíhou de?

张丽英 明天晚上七点一刻的。
Zhāng Lìyīng Míngtiān wǎnshang qī diǎn yí kè de.

玛丽 哎呀，真不巧，我不能去。
Mǎlì Āiyā, zhēn bù qiǎo, wǒ bù néng qù.

后天就考试了，晚上要复习。
Hòutiān jiù kǎoshì le, wǎnshang yào fùxí.

张丽英 那就以后再说❷吧。
Zhāng Lìyīng Nà jiù yǐhòu zàishuō ba.

표현 따라잡기

❶ **是吗?** 그래?

어떤 일에 대해 몰랐다가 듣고 난 후 약간 의외라고 느꼈음을 나타낸다. 때로는 그다지 믿을 수 없음을 표현하기도 한다.

❷ **以后再说** 나중에 다시 이야기하자

'再说'는 어떤 일을 미뤄 두었다가 나중에 다시 처리하거나 고려할 것임을 나타낸다.

❸ **怎么? 是跟女朋友约会吗?** 왜? 여자 친구와 데이트 해?

'怎么'는 원인을 물을 때 쓰며, '是'는 뒤에 나오는 내용의 진실성을 강조한다.

2 내일 약속이 있어요 ▶22-04

王兰 明天下午我们去看电影，你能去吗？
Wáng Lán Míngtiān xiàwǔ wǒmen qù kàn diànyǐng, nǐ néng qù ma?

大卫 我很想去，可是明天我有个约会。
Dàwèi Wǒ hěn xiǎng qù, kěshì míngtiān wǒ yǒu ge yuēhuì.

王兰 怎么？是跟女朋友约会吗❸？
Wáng Lán Zěnme? Shì gēn nǚpéngyou yuēhuì ma?

大卫 不是，有个同学来看我，我要等他。
Dàwèi Bú shì, yǒu ge tóngxué lái kàn wǒ, wǒ yào děng tā.

王兰 他也在北京学习吗？
Wáng Lán Tā yě zài Běijīng xuéxí ma?

大卫 不，他刚从法国来。我们好几年没见面了。
Dàwèi Bù, tā gāng cóng Fǎguó lái. Wǒmen hǎojǐ nián méi jiànmiàn le.

王兰 你应该陪他玩儿玩儿。
Wáng Lán Nǐ yīnggāi péi tā wánrwanr.

大卫 这星期我没空儿，下星期我们再一起看电影吧。
Dàwèi Zhè xīngqī wǒ méi kòngr, xiàxīngqī wǒmen zài yìqǐ kàn diànyǐng ba.

표현

1 응용 표현 22-05

❶ 我买了两张票。

翻译 fānyì	个 ge	句子 jùzi
写 xiě	封 fēng	电子邮件 diànzǐ yóujiàn
参加 cānjiā	个 ge	会 huì
要 yào	辆 liàng	出租车 chūzūchē

❷ 我们好几年没见面了。

好几天 hǎojǐ tiān
好几个月 hǎojǐ ge yuè
好长时间 hǎo cháng shíjiān
好几个星期 hǎojǐ ge xīngqī

❸ 你应该陪他玩儿玩儿。

带 dài	参观 cānguān
帮 bāng	问 wèn
帮助 bāngzhù	复习 fùxí
请 qǐng	介绍 jièshào

2 확장 회화 22-06

❶ 我正要去找你，你就来了，太巧了。
Wǒ zhèng yào qù zhǎo nǐ, nǐ jiù lái le, tài qiǎo le.

❷ A 那个姑娘真漂亮。她是谁?
Nàge gūniang zhēn piàoliang. Tā shì shéi?

B 她是那个高个子的女朋友。
Tā shì nàge gāo gèzi de nǚpéngyou.

어법

1 동태조사 '了'

❶ 동사 뒤에서 동작이 어떤 단계에 있는지 나타내는 조사를 동태조사라고 한다. 동태조사 '了 le'는 동사의 뒤에 쓰여 동작의 '완료'나 '실현'을 나타낸다. 목적어가 있을 때, 목적어는 항상 수량사나 기타 관형어를 동반한다.

他结婚了吗？ 그는 결혼했습니까?
Tā jiéhūn le ma?

我昨天看了一个电影。 나는 어제 영화 한 편을 봤다.
Wǒ zuótiān kàn le yí ge diànyǐng.

玛丽买了一辆自行车。 메리는 자전거 한 대를 샀다.
Mǎlì mǎi le yí liàng zìxíngchē.

我收到了他寄给我的东西。 나는 그가 나에게 보낸 물건을 받았다.
Wǒ shōudào le tā jì gěi wǒ de dōngxi.

❷ '동사+了 le'의 부정형은 동사 앞에 '没(有) méi(yǒu)'를 붙이고, 동사 뒤에 '了'는 반드시 생략한다.

他没来。 그는 오지 않았다.
Tā méi lái.

我没(有)看电影。 나는 영화를 보지 않았다.
Wǒ méi(yǒu) kàn diànyǐng.

2 시간사가 부사어로 쓰일 때

시간을 나타내는 단어나 구가 부사어로 쓰이면, '주어진 시간 내에 어떤 동작이 완성되었거나 어떤 상황이 발생했음'을 나타낸다.

他两天看了一本书。 그는 이틀 동안 책 한 권을 봤다.
Tā liǎng tiān kàn le yì běn shū.

我们好几年没见面了。 우리는 여러 해 동안 만나지 못했다.
Wǒmen hǎojǐ nián méi jiànmiàn le.

1 '可是'를 사용해 문장을 완성해 보세요.

❶ 他六十岁了，＿＿＿＿＿＿＿＿＿＿＿＿＿＿＿＿。

❷ 今天我去小王家找他，＿＿＿＿＿＿＿＿＿＿＿＿＿＿＿＿。

❸ 他学汉语的时间不长，＿＿＿＿＿＿＿＿＿＿＿＿＿＿＿＿。

❹ 这种苹果不贵，＿＿＿＿＿＿＿＿＿＿＿＿＿＿＿＿。

❺ 我请小王去看电影，＿＿＿＿＿＿＿＿＿＿＿＿＿＿＿＿。

2 괄호 안의 단어가 들어갈 알맞은 위치를 고르세요.

❶ 昨天我复习 **A** 两课生词 **B**。 （了）

❷ 我和小王一起参观 **A** 天安门 **B**。 （了）

❸ 他 **A** 没来中国 **B** 了。 （两年）

❹ 你 **A** 能看完这本书 **B** 吗？ （一个星期）

3 [보기]와 같이 동태조사 '了'를 사용해 문장을 만들어 보세요.

| 보기 | 买　电子词典 ➜ 昨天我买了一本电子词典。

❶ 喝　啤酒　→ ＿＿＿＿＿＿＿＿＿＿＿＿＿＿＿＿

❷ 照　照片　→ ＿＿＿＿＿＿＿＿＿＿＿＿＿＿＿＿

❸ 复习　两课生词　→ ＿＿＿＿＿＿＿＿＿＿＿＿＿＿＿＿

❹ 翻译　几个句子　→ ＿＿＿＿＿＿＿＿＿＿＿＿＿＿＿＿

❺ 开　会　→ ＿＿＿＿＿＿＿＿＿＿＿＿＿＿＿＿

❻ 买　车　→ ＿＿＿＿＿＿＿＿＿＿＿＿＿＿＿＿

4 상황에 맞게 대화를 완성하세요.

❶ **A** 今天晚上有舞会，______________________?

B 大概不行。

A ______________________?

B 学习太忙，没有时间。

A 你知道王兰能去吗?

B ______________________。

A 真不巧。

❷ **A** 圣诞节晚会你唱个中文歌吧。

B ______________________。

A 别客气。

B 不是客气，我______________________。

A 我听你唱过。

B 那是英文歌。

5 다음 상황에 근거해 대화를 나누세요.

❶ 你请朋友星期天去长城，他/她说星期天有约会，不能去。
(당신은 친구에게 일요일에 만리장성에 가자고 하지만, 그/그녀는 일요일에 약속이 있어 갈 수 없다고 한다.)

❷ 你请朋友跟你跳舞，他/她说不会跳舞。
(당신은 친구에게 같이 춤을 추자고 하지만, 그/그녀는 춤을 출 줄 모른다고 한다.)

6 주어진 단어로 빈칸을 채우고 완전한 문장을 다시 읽어 보세요.

演　　太巧了　　陪　　顺利

昨天晚上王兰__________玛丽去看京剧。她们从学校门口坐331路公共汽车去。__________，她们刚走到车站，车就来了。车上人不多，她们很__________。京剧__________得很好，很有意思。

7 발음을 연습하세요.

❶ 자주 쓰이는 발음 ▶22-07

zhu	zhúzi (竹子) zhǔrén (主人) zhùyì (注意)	lai	láiguo (来过) hòulái (后来) chūlai (出来)

❷ 큰 소리로 읽기 ▶22-08

A Nín hē píjiǔ ma?

B Hē, lái yì bēi ba.

A Hē bu hē pútaojiǔ(葡萄酒, 포도주)?

B Bù hē le.

A Zhè shì Zhōngguó yǒumíng de jiǔ, hē yìdiǎnr ba.

B Hǎo, shǎo hē yìdiǎnr.

A Lái, gānbēi!

잰말놀이로 발음 연습 绕口令 ràokǒulìng

잰말놀이란 한국어의 '간장 공장 공장장'처럼 비슷한 발음이 연속되어 혀가 꼬이기 쉬운 문장을 빠르게 반복해서 말하는 놀이입니다. 어려운 발음을 정확하게 말하도록 연습하며, 원어민처럼 말하기에 도전해봅시다!

阿牛放牛 ▶rao 09

阿牛放牛上山坡，牛儿慢走草儿多，
Āniú fàng niú shàng shānpō, niúr màn zǒu cǎor duō,

阿牛躺下晒太阳，牛儿吃饱快活多。
Āniú tǎngxià shài tàiyáng, niúr chībǎo kuàihuó duō.

아뉴, 소를 몰다

아뉴는 소를 몰고 언덕을 오르고, 소는 천천히 걸으며 풀을 많이 먹는다.
아뉴는 드러누워 햇볕을 쬐고, 소는 배불리 먹어 기분이 무척 즐겁다.

毛毛和猫猫 ▶rao 10

毛毛抱猫猫，猫猫轻轻叫。
Máomao bào māomao, māomao qīngqīng jiào.

摇尾蹭毛毛，小脸笑弯腰。
Yáowěi cèng Máomao, xiǎoliǎn xiào wānyāo.

마오마오와 고양이

마오마오가 고양이를 껴안고, 고양이가 야옹야옹 운다.
고양이가 꼬리치며 마오마오에게 부비고, 마오마오가 배를 잡고 웃는다.

| 사과하기 |

23 对不起

미안합니다

23-01

157 对不起，让你久等了。 오래 기다리게 해서 미안합니다.
Duìbuqǐ, ràng nǐ jiǔ děng le.

158 你怎么八点半才来？ 왜 8시 반이 되어서야 왔습니까?
Nǐ zěnme bā diǎn bàn cái lái?

159 真抱歉，我来晚了。 늦어서 정말 죄송합니다.
Zhēn bàoqiàn, wǒ láiwǎn le.

160 半路上我的电动车坏了。 오는 길에 전동 자전거가 고장 났습니다.
Bànlù shang wǒ de diàndòngchē huài le.

161 电动车修好了吗？ 전동 자전거는 다 고쳤습니까?
Diàndòngchē xiūhǎo le ma?

162 我怎么能不来呢？ 내가 어떻게 오지 않을 수 있겠습니까?
Wǒ zěnme néng bù lái ne?

163 我们快进电影院去吧。 우리 빨리 영화관에 들어갑시다.
Wǒmen kuài jìn diànyǐngyuàn qù ba.

164 星期天我买到一本新小说。 일요일에 나는 새 소설을 한 권 샀습니다.
Xīngqītiān wǒ mǎidào yì běn xīn xiǎoshuō.

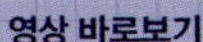

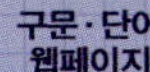

새 단어 ▶23-02

对不起 duìbuqǐ 동 미안합니다

让 ràng 동 ~하게 하다, ~하도록 시키다

久 jiǔ 형 오래다, (시간이) 길다

才 cái 부 이제서야

抱歉 bàoqiàn 형 미안해하다

半路 bànlù 명 도중, 중간

电动车 diàndòngchē 명 전동 자전거

坏 huài 형 상하다, 고장 나다

修 xiū 동 수리하다

电影院 diànyǐngyuàn 명 영화관

小说 xiǎoshuō 명 소설

约 yuē 동 약속하다

可能 kěnéng 조 형 아마도, 가능하다

还 huán 동 돌려주다, 반납하다

用 yòng 동 쓰다

原谅 yuánliàng 동 용서하다, 이해하다

没关系 méi guānxi 괜찮다, 상관없다, 문제없다

英文 Yīngwén 명 영어, 영문

借 jiè 동 빌리다, 빌려주다

| 표현 확장 |

电梯 diàntī 명 엘리베이터

支 zhī 양 자루, 개피 [가늘고 긴 물건을 세는 양사]

胶棒 jiāobàng 명 딱풀

录音笔 lùyīnbǐ 명 보이스펜(voice pen), 녹음 펜

弄 nòng 동 하다, 가지고 놀다

脏 zāng 형 더럽다

단원 해석 · 모범답안 ▶ 232쪽

회화

1 늦어서 정말 미안해요 ▶23-03

大卫 对不起，让你久等了。
Dàwèi Duìbuqǐ, ràng nǐ jiǔ děng le.

玛丽 我们约好八点，你怎么八点半才来？
Mǎlì Wǒmen yuēhǎo bā diǎn, nǐ zěnme bā diǎn bàn cái lái?

大卫 真抱歉，我来晚了。半路上我的电动车坏了。
Dàwèi Zhēn bàoqiàn, wǒ láiwǎn le. Bànlù shang wǒ de diàndòngchē huài le.

玛丽 修好了吗？
Mǎlì Xiūhǎo le ma?

大卫 修好了。
Dàwèi Xiūhǎo le.

玛丽 我想你可能不来了。
Mǎlì Wǒ xiǎng nǐ kěnéng bù lái le.

大卫 说好的，我怎么能不来呢？
Dàwèi Shuōhǎo de, wǒ zěnme néng bù lái ne?

玛丽 我们快进电影院去吧。
Mǎlì Wǒmen kuài jìn diànyǐngyuàn qù ba.

大卫 好。
Dàwèi Hǎo.

2 용서해 주세요 ▶23-04

玛丽　刘京，还你词典，用的时间太长了，请原谅！
Mǎlì　Liú Jīng, huán nǐ cídiǎn, yòng de shíjiān tài cháng le, qǐng yuánliàng!

刘京　没关系，你用吧。
Liú Jīng　Méi guānxi, nǐ yòng ba.

玛丽　谢谢，不用了。星期天我买到一本新小说。
Mǎlì　Xièxie, búyòng le. Xīngqītiān wǒ mǎidào yì běn xīn xiǎoshuō.

刘京　英文的还是中文的？
Liú Jīng　Yīngwén de háishi Zhōngwén de?

玛丽　英文的。很有意思。
Mǎlì　Yīngwén de. Hěn yǒu yìsi.

刘京　我能看懂吗？
Liú Jīng　Wǒ néng kàndǒng ma?

玛丽　你英文学得不错，我想能看懂。
Mǎlì　Nǐ Yīngwén xué de búcuò, wǒ xiǎng néng kàndǒng.

刘京　那借我看看，行吗？
Liú Jīng　Nà jiè wǒ kànkan, xíng ma?

玛丽　当然可以。
Mǎlì　Dāngrán kěyǐ.

표현

1 응용 표현 23-05

❶ 我们快进电影院去吧。

进电梯 jìn diàntī

进食堂 jìn shítáng

回学校 huí xuéxiào

回家 huí jiā

上楼 shànglóu

下楼 xiàlóu

❷ 借我看看这本 小说，行吗?

骑 qí	辆 liàng	电动车 diàndòngchē
用 yòng	个 ge	照相机 zhàoxiàngjī
用 yòng	支 zhī	笔 bǐ
用 yòng	支 zhī	胶棒 jiāobàng

2 확장 회화 23-06

❶ 那支录音笔弄坏了。
Nà zhī lùyīnbǐ nònghuài le.

❷ A 对不起，弄脏你的本子了。
Duìbuqǐ, nòngzāng nǐ de běnzi le.

B 没什么。
Méi shénme.

1 부사 '就'와 '才'

부사 '就 jiù'와 '才 cái'는 시간을 나타내는 어휘 뒤에 쓰여 시간의 이름이나 늦음, 빠름이나 느림 등을 나타낼 수 있다. '就'는 일반적으로 일이 일찍, 또는 빨리 발생하거나 일의 진행이 순조로움을 나타낸다. '才'는 반대로 일이 늦게, 또는 느리게 발생하거나 일의 진행이 순조롭지 않음을 나타낸다.

八点上课，他七点半就来了。 8시에 수업을 하는데, 그는 7시 반에 왔다. [이르다]
Bā diǎn shàngkè, tā qī diǎn bàn jiù lái le.

八点上课，他八点十分才来。 8시에 수업을 하는데, 그는 8시 10분이 되어서야 왔다. [늦다]
Bā diǎn shàngkè, tā bā diǎn shí fēn cái lái.

昨天我去北京饭店，八点坐车，八点半就到了。
Zuótiān wǒ qù Běijīng Fàndiàn, bā diǎn zuò chē, bā diǎn bàn jiù dào le.
어제 나는 베이징 호텔에 갔는데, 8시에 차를 타서 8시 반에 도착했다. [빠르다, 순조롭다]

今天我去北京饭店，八点坐车，九点才到。
Jīntiān wǒ qù Běijīng Fàndiàn, bā diǎn zuò chē, jiǔ diǎn cái dào.
오늘 나는 베이징 호텔에 갔는데, 8시에 차를 타서 9시에야 도착했다. [느리다, 순조롭지 않다]

2 결과보어 '好'

❶ 형용사 '好 hǎo'가 결과보어로 쓰이면, 동작이 완성되었거나 완벽한 정도에 이르렀음을 나타낸다.

饭已经(yǐjīng, 이미)做好了。 밥이 이미 다 되었다.
Fàn yǐjīng zuòhǎo le.

我一定要学好中文。 나는 반드시 중국어를 마스터할 것이다.
Wǒ yídìng yào xuéhǎo Zhōngwén.

❷ 결과보어 '好 hǎo'는 때로 '정하다'라는 의미를 나타내기도 한다.

我们说好了八点去。 우리는 8시에 가기로 정했다.
Wǒmen shuōhǎo le bā diǎn qù.

时间约好了。 시간을 약속했다.
Shíjiān yuēhǎo le.

3 방향보어(2)

❶ '동사 + 방향보어' 문장에서 장소를 나타내는 목적어가 올 경우, 장소를 나타내는 목적어는 반드시 동사와 보어의 사이에 놓인다.

你快下楼来吧。 빨리 아래층으로 내려와.
Nǐ kuài xià lóu lái ba.

上课了，老师进教室来了。 수업이 시작되자, 선생님께서 교실로 들어오셨다.
Shàngkè le, lǎoshī jìn jiàoshì lái le.

他到上海去了。 그는 상하이로 갔다.
Tā dào Shànghǎi qù le.

他回宿舍去了。 그는 기숙사로 돌아갔다.
Tā huí sùshè qù le.

❷ 장소를 나타내지 않는 일반목적어는 동사와 보어의 사이에 놓일 수도 있고, 보어의 뒤에 놓일 수도 있다. 일반적으로 동작이 아직 실현되지 않았을 경우에는 '来 lái / 去 qù'의 앞에 오고, 이미 실현된 동작일 경우에는 '来 / 去'의 뒤에 온다.

我想带照相机去。 나는 카메라를 가져가고 싶다.
Wǒ xiǎng dài zhàoxiàngjī qù.

他没买苹果来。 그는 사과를 안 사 왔다.
Tā méi mǎi píngguǒ lái.

我带去了一个照相机。 나는 카메라 한 대를 가져갔다.
Wǒ dàiqu le yí ge zhàoxiàngjī.

他买来了一斤苹果。 그는 사과 한 근을 사 왔다.
Tā mǎilai le yì jīn píngguǒ.

1 빈칸에 알맞은 결과보어를 넣어 대화를 완성한 후, 큰 소리로 읽어 보세요.

A 小王，你的自行车修__________了吗?

B 还没修__________呢。你要用吗?

A 是。我想借一辆自行车，还没借__________。

B 小刘有一辆，你去问问他。

A 问过了，他的自行车也弄__________了。

B 真不巧。

2 그림을 보고 빈칸에 동사와 방향보어 '来 / 去'를 넣어 대화를 완성하세요.

❶

A 小李，你快__________吧，我在楼下等你。

B 我现在就__________。

❷

A 八点了，你怎么还不__________?

B 今天星期天，我想晚一点儿__________。

❸

A 小王在吗?

B 他不在。他__________家__________了。

A 他什么时候__________家__________的?

B 不知道。

④

A 外边太冷，我们__________里边__________吧。

B 刚__________________________________，

一会儿再__________吧。

3 상황에 맞게 대화를 완성하세요.

① A __________________________，我来晚了。

B 上课十分钟了，为什么来晚了？

A __________________________。

B 以后早点儿起床。请坐！

A __________________________。

② A 请借我用一下儿你的自行车。

B __________________________。

A 他什么时候能还你？

B __________________________，我去问问他。

A 不用了，我去借小王的吧。

B __________________________。

4 다음 상황에 근거해 대화를 나누세요.

① 你借了同学的自行车，还车的时候你说你骑坏了自行车，表示道歉。

(당신은 학교 친구에게 자전거를 빌렸다. 자전거를 돌려줄 때 친구에게 자전거를 타다가 고장 냈음을 밝히고 사과한다.)

② 你的朋友要借你的照相机用用，你说别人借去了。

(친구가 당신에게 카메라를 빌려 달라고 하지만, 이미 다른 사람이 빌려갔다고 말한다.)

5 듣고 따라 말해 보세요. ◎23-07

我和小王约好今天晚上去酒吧喝酒。下午我们两个人先去友谊商店买东西。从友谊商店出来以后，我去看一个朋友，小王去王府井。我在朋友家吃晚饭，六点半才从朋友家出来。到酒吧门口的时候，七点多了，小王正在那里等我。我说："来得太晚了，真抱歉，请原谅！"他说："没关系。"我们就一起进酒吧去了。

6 발음을 연습하세요.

❶ 자주 쓰이는 발음 ◎23-08

dong	dōngtiān (冬天) dǒng shì (懂事) huódòng (活动)	sheng	liúxuéshēng (留学生) Shèngdàn Jié (圣诞节) xuésheng (学生)

❷ 큰 소리로 읽기 ◎23-09

A Māma, xiànzài wǒ chūqu kàn péngyou.
B Shénme shíhou huílai?
A Dàgài wǎnshang shí diǎn duō.
B Tài wǎn le.
A Wǒmen yǒu diǎnr shì, nín bié děng wǒ, nín xiān shuì.
B Hǎo ba, bié tài wǎn le.

| 유감 표현하기 |

24 真遗憾，我没见到他

그를 만나지 못해서 정말 아쉽습니다

24-01

165 地上怎么乱七八糟的? 바닥이 왜 엉망진창입니까?
Dì shang zěnme luànqībāzāo de?

166 是不是你出差没关窗户? 창문을 닫지 않고 출장 갔던 거 아닙니까?
Shì bu shì nǐ chūchāi méi guān chuānghu?

167 忘了关窗户了。 창문 닫는 것을 잊었습니다.
Wàng le guān chuānghu le.

168 花瓶也摔碎了。 꽃병도 떨어져서 깨졌습니다.
Huāpíng yě shuāisuì le.

169 太可惜了! 너무 아깝네요!
Tài kěxī le!

170 公司有急事，让他马上回国。
Gōngsī yǒu jí shì, ràng tā mǎshàng huí guó.
회사에 급한 일이 있어서 그를 즉시 귀국하게 했습니다.

171 他让我告诉你，多跟他联系。
Tā ràng wǒ gàosu nǐ, duō gēn tā liánxì.
그가 자주 연락하라고 당신에게 전해 달라고 했습니다.

172 真遗憾，我没见到他。 그를 만나지 못해서 정말 아쉽습니다.
Zhēn yíhàn, wǒ méi jiàndào tā.

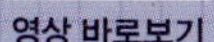

새 단어 ▷24-02

地 dì 명 바닥

乱七八糟 luànqībāzāo 엉망진창이다, 아수라장이다

出差 chūchāi 동 출장 가다

关 guān 동 닫다

窗户 chuānghu 명 창문

忘 wàng 동 잊다

花瓶 huāpíng 명 꽃병

摔 shuāi 동 깨지다, 떨어져 부서지다

碎 suì 동 부서지다, 깨지다

可惜 kěxī 형 애석하다, 아깝다

急 jí 형 급하다

马上 mǎshàng 부 곧, 즉시

联系 liánxì 동 연락하다

遗憾 yíhàn 형 유감스럽다, 섭섭하다

见 jiàn 동 만나다, 보다

风 fēng 명 바람

糟糕 zāogāo 형 엉망이 되다, 망치다

出门 chūmén 동 외출하다, 집을 나서다

礼物 lǐwù 명 선물

充电 chōngdiàn 동 충전하다

| 표현 확장 |

开 kāi 동 (꽃이) 피다

红 hóng 형 붉다, 빨갛다

黄 huáng 형 노랗다

白 bái 형 하얗다, 희다

| 고유명사 |

尼娜 Nínà 니나 [인명]

단원 해석·모범답안 ▶ 234쪽

회화

1 너무 아깝네요! ▶24-03

尼娜 我两天不在，地上怎么乱七八糟的？
Nínà Wǒ liǎng tiān bú zài, dì shang zěnme luànqībāzāo de?

张丽英 是不是你出差没关窗户？昨天风很大。
Zhāng Lìyīng Shì bu shì nǐ chūchāi méi guān chuānghu? Zuótiān fēng hěn dà.

尼娜 哎呀，忘了关了，真糟糕！
Nínà Āiyā, wàng le guān le, zhēn zāogāo!

张丽英 以后出门一定要关好窗户。
Zhāng Lìyīng Yǐhòu chūmén yídìng yào guānhǎo chuānghu.

尼娜 你看，花瓶也摔碎了。
Nínà Nǐ kàn, huāpíng yě shuāisuì le.

张丽英 是大卫送给你的那个吗？
Zhāng Lìyīng Shì Dàwèi sòng gěi nǐ de nàge ma?

尼娜 是，那是他给我的生日礼物。
Nínà Shì, nà shì tā gěi wǒ de shēngrì lǐwù.

张丽英 太可惜了！
Zhāng Lìyīng Tài kěxī le!

2 정말 아쉽네요 ▶24-04

刘京　昨天李成日回国了。
Liú Jīng　Zuótiān Lǐ Chéngrì huí guó le.

和子　我怎么不知道?
Hézǐ　Wǒ zěnme bù zhīdao?

刘京　公司有急事，让他马上回国。
Liú Jīng　Gōngsī yǒu jí shì, ràng tā mǎshàng huí guó.

和子　真不巧，我还有事找他呢。
Hézǐ　Zhēn bù qiǎo, wǒ hái yǒu shì zhǎo tā ne.

刘京　昨天我和他都给你打电话，可是你关机了。
Liú Jīng　Zuótiān wǒ hé tā dōu gěi nǐ dǎ diànhuà, kěshì nǐ guānjī le.

和子　不是，是我忘了充电，手机没电了。
Hézǐ　Bú shì, shì wǒ wàng le chōngdiàn, shǒujī méi diàn le.

刘京　他让我告诉你，多跟他联系。
Liú Jīng　Tā ràng wǒ gàosu nǐ, duō gēn tā liánxì.

和子　真遗憾，我没见到他。
Hézǐ　Zhēn yíhàn, wǒ méi jiàndào tā.

표현

1 응용 표현 24-05

❶ 公司让他马上回国。

经理 jīnglǐ
老师 lǎoshī
玛丽 Mǎlì

出差 chūchāi
翻译生词 fānyì shēngcí
关窗户 guān chuānghu

❷ 他让我告诉你，多跟他联系。

马上去开会 mǎshàng qù kāihuì
常给他打电话 cháng gěi tā dǎ diànhuà
明天见面 míngtiān jiànmiàn
他回国了 tā huí guó le
常给他发电子邮件 cháng gěi tā fā diànzǐ yóujiàn

2 확장 회화 24-06

❶ 王先生去上海出差了，是不是?
Wáng xiānsheng qù Shànghǎi chūchāi le, shì bu shì?

❷ 我家的花儿都开了，有红的、黄的、白的，漂亮极了。
Wǒ jiā de huār dōu kāi le, yǒu hóng de、huáng de、bái de, piàoliang jí le.

1 '是不是'로 이루어진 정반의문문

어떤 사실이나 상황을 예측하고 있고, 더 나아가 이를 검증하고자 할 때 '是不是 shì bu shì'로 이루어진 정반의문문을 이용하여 질문한다. '是不是'는 술어의 앞에 놓일 수도 있고 문장의 처음이나 끝에 놓일 수도 있다.

李成日先生是不是回国了? 이성일 씨는 귀국하지 않았어요?
Lǐ Chéngrì xiānsheng shì bu shì huí guó le?

是不是你的手机坏了? 네 휴대전화가 고장 난 거 아니야?
Shì bu shì nǐ de shǒujī huài le?

这个电影大家都看过了，是不是?
Zhège diànyǐng dàjiā dōu kànguo le, shì bu shì?
여러분 모두 이 영화를 본 적이 있죠, 그렇지 않나요?

2 동사 '让'을 이용한 겸어문

'请 qǐng'을 이용한 겸어문의 형식과 같으며, 동사 '让 ràng'으로 이루어진 겸어문도 다른 사람에게 어떤 일을 하도록 요구하는 의미를 가진다. 단, '请'을 이용한 겸어문이 좀 더 예의를 갖추는 경우에 쓰인다.

他让我带东西。 그는 나에게 물건을 가져오게 했다.
Tā ràng wǒ dài dōngxi.

公司让他回国。 회사는 그를 귀국하게 했다.
Gōngsī ràng tā huí guó.

我让他给我照张相。 나는 그에게 내 사진을 찍어 달라고 했다.
Wǒ ràng ta gěi wǒ zhào zhāng xiàng.

他让我告诉你，明天去他家。
Tā ràng wǒ gàosu nǐ, míngtiān qù tā jiā.
그가 내일 그의 집에 오라고 당신에게 전해 달래요.

1 다음 제시된 어구를 읽고 몇 개를 골라 문장을 만들어 보세요. ▶24-07

真
可惜
遗憾
糟糕
不好意思

让
我还书
小王修自行车
我跟他见面
我们写汉字
他们听音乐

2 유감을 표현하는 어휘를 사용해 대화를 완성하세요.

❶ **A** 听说你的手机坏了。

B 是啊，上个月刚买的。

A ______________________。

❷ **A** 昨天晚上的杂技好极了，你怎么没去看?

B 我有急事，______________________。

A 听说这个星期六还演呢。

B 那我一定去看。

3 다음 대화 중 B의 말을 '是不是'를 사용한 의문문으로 고쳐 보세요.

❶ **A** 今天我去找小王，他不在。

B 他大概回家了。

→ ______________________

❷ **A** 不知道为什么飞机晚点了。

B 我想可能是天气不好。

→ ______________________

4 실제 상황에 근거해 질문에 대답해 보세요.

❶ 你汉语说得怎么样?

❷ 昨天的课你复习没复习?

❸ 今天你出门的时候，关好窗户了没有?

❹ 你有没有遗憾的事?

5 듣고 따라 말해 보세요. ⊙24-08

昨天星期天，早上张老师去买菜。中午他爱人要做几个菜，请朋友们在家吃饭。

很快，菜就买回来了。红的、绿的、白的、黄的……他爱人看了说："这菜又新鲜又好看。"张老师说："好吃不好吃，就看你做得怎么样了！"他爱人说："让你买的肉呢? 没有肉我怎么做呀?"张老师说："糟糕，我买的肉没拿，交了钱就走了。"他爱人说："那你就去找找吧。今天的菜好吃不好吃，就看你了！"

绿 lǜ 형 푸르다 | 新鲜 xīnxiān 형 신선하다 | 肉 ròu 명 고기

6 발음을 연습하세요.

❶ 자주 쓰이는 발음 ⊙24-09

zai	zāizhòng (栽种) zǎi kè (宰客) xiànzài (现在)
ni	nílóng (尼龙) nǐ hǎo (你好) yóunì (油腻)

❷ 큰 소리로 읽기 ⊙24-10

A Nǐ de xīn zìxíngchē zhēn piàoliang!

B Kěshì huài le.

A Zhēn kěxī, néng xiūhǎo ma?

B Bù zhīdào.

A Xiūxiu ba, kàn zěnmeyàng.

B Hǎo.

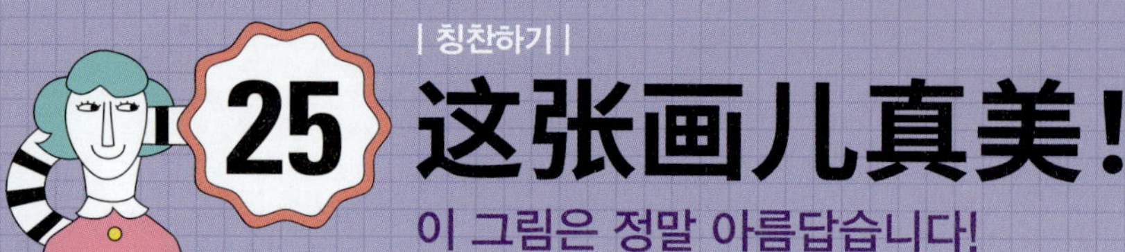

| 칭찬하기 |

25 这张画儿真美!

이 그림은 정말 아름답습니다!

▶25-01

173 你的房间布置得好极了。 당신은 방을 정말 잘 꾸몄군요.
Nǐ de fángjiān bùzhì de hǎo jí le.

174 这张画儿真美! 이 그림은 정말 아름답습니다!
Zhè zhāng huàr zhēn měi!

175 你的房间又干净又漂亮。 당신의 방은 깨끗하고 예쁩니다.
Nǐ de fángjiān yòu gānjìng yòu piàoliang.

176 今天没有人来。 오늘은 아무도 오지 않습니다.
Jīntiān méiyǒu rén lái.

177 你的衣服更漂亮。 당신의 옷이 더 예쁩니다.
Nǐ de yīfu gèng piàoliang.

178 这件衣服不是买的，是我妈妈做的。
Zhè jiàn yīfu bú shì mǎi de, shì wǒ māma zuò de.
이 옷은 산 게 아니고, 우리 엄마가 만든 것입니다.

179 你妈妈的手真巧。 어머니 솜씨가 정말 좋으시네요.
Nǐ māma de shǒu zhēn qiǎo.

180 要是你喜欢，就给你女朋友做一件。
Yàoshi nǐ xǐhuan, jiù gěi nǐ nǚpéngyou zuò yí jiàn.
만약 마음에 든다면, 여자 친구에게 한 벌 만들어 주세요.

새 단어 ▷25-02

布置 bùzhì 동 진열하다, 배치하다

画儿 huàr 명 그림

美 měi 형 아름답다

又 yòu 부 또한

更 gèng 부 더욱

手 shǒu 명 손, 솜씨

巧 qiǎo 형 (솜씨 · 재주가) 뛰어나다

要是 yàoshi 접 만약 ~라면

马马虎虎 mǎmǎhūhū 형 적당히 하다, 대충하다

桌子 zhuōzi 명 테이블, 탁자

放 fàng 동 놓아두다

衣柜 yīguì 명 옷장

方便 fāngbiàn 형 편리하다

沙发 shāfā 명 소파

合适 héshì 형 적당하다, 알맞다

嘛 ma 조 사실을 강조할 때 쓰는 어기조사

样子 yàngzi 명 모양, 모습

觉得 juéde 동 ~라고 여기다, 생각하다

颜色 yánsè 명 색깔

| 표현 확장 |

容易 róngyì 형 쉽다

自己 zìjǐ 대 자신

画 huà 동 그리다

些 xiē 양 몇, 약간

铅笔 qiānbǐ 명 연필

手表 shǒubiǎo 명 손목시계

这么 zhème 대 이렇게, 이런

단원 해석 · 모범답안 ▶ 235쪽

회화

1 깨끗하고 예쁘네요 ▶25-03

王兰 你的房间布置得好极了。
Wáng Lán Nǐ de fángjiān bùzhì de hǎo jí le.

玛丽 哪儿啊，马马虎虎。
Mǎlì Nǎr a, mǎmǎhūhū.

王兰 桌子放在这儿，写字看书都很好。
Wáng Lán Zhuōzi fàng zài zhèr, xiě zì kàn shū dōu hěn hǎo.

玛丽 你看，衣柜放在床旁边，怎么样？
Mǎlì Nǐ kàn, yīguì fàng zài chuáng pángbiān, zěnmeyàng?

王兰 很好。拿东西很方便。沙发放在书桌东边，也很合适。
Wáng Lán Hěn hǎo. Ná dōngxi hěn fāngbiàn. Shāfā fàng zài shūzhuō dōngbian, yě hěn héshì.

这张画儿真美！
Zhè zhāng huàr zhēn měi!

玛丽 是吗？刚买的。
Mǎlì Shì ma? Gāng mǎi de.

王兰 你的房间又干净又漂亮。今天谁来啊？
Wáng Lán Nǐ de fángjiān yòu gānjìng yòu piàoliang. Jīntiān shéi lái a?

玛丽 没有人来。新年快到了。
Mǎlì Méiyǒu rén lái. Xīnnián kuài dào le.

王兰 啊！明天晚上有音乐会。
Wáng Lán À! Míngtiān wǎnshang yǒu yīnyuèhuì.

玛丽　真的？那明天晚上我们去听音乐吧。
Mǎlì　Zhēn de? Nà míngtiān wǎnshang wǒmen qù tīng yīnyuè ba.

2 오늘 정말 예쁘게 입었네요! ▶25-04

王兰　你今天穿得真漂亮！
Wáng Lán　Nǐ jīntiān chuān de zhēn piàoliang!

玛丽　是吗？过新年了嘛❶。你的衣服更漂亮，在哪儿买的？
Mǎlì　Shì ma? Guò xīnnián le ma. Nǐ de yīfu gèng piàoliang, zài nǎr mǎi de?

王兰　不是买的，是我妈妈做的。
Wáng Lán　Bú shì mǎi de, shì wǒ māma zuò de.

玛丽　你妈妈的手真巧！衣服的样子也很好。
Mǎlì　Nǐ māma de shǒu zhēn qiǎo! Yīfu de yàngzi yě hěn hǎo.

王兰　我也觉得不错。
Wáng Lán　Wǒ yě juéde búcuò.

刘京　我很喜欢这个颜色。
Liú Jīng　Wǒ hěn xǐhuan zhège yánsè.

玛丽　要是你喜欢，就给你女朋友做一件。
Mǎlì　Yàoshi nǐ xǐhuan, jiù gěi nǐ nǚpéngyou zuò yí jiàn.

刘京　我还没有女朋友呢。
Liú Jīng　Wǒ hái méiyǒu nǚpéngyou ne.

표현 따라잡기

❶ **过新年了嘛。** 새해가 되었잖아.
어기조사 '嘛'는 '이치를 명백히 알 수 있다' '당연히 그래야 한다'는 어기를 나타낸다.

표현

영상 바로보기

1 응용 표현 ◎25-05

❶ 你的房间又干净又漂亮。

英文书 Yīngwén shū
衣服 yīfu
女朋友 nǚpéngyou

容易 róngyì
便宜 piányi
高 gāo

有意思 yǒu yìsi
好看 hǎokàn
漂亮 piàoliang

❷ 这件衣服不是买的，是我妈妈做的。

个 ge
张 zhāng
辆 liàng

菜 cài
画儿 huàr
自行车 zìxíngchē

我自己 wǒ zìjǐ
朋友 péngyou
我哥哥 wǒ gēge

做 zuò
画 huà
借 jiè

❸ 我很喜欢这个颜色。

个 ge
些 xiē
张 zhāng
辆 liàng
支 zhī
块 kuài

孩子 háizi
花 huā
照片 zhàopiàn
汽车 qìchē
铅笔 qiānbǐ
手表 shǒubiǎo

2 확장 회화 ◎25-06

❶ 要是明天天气好，我们就去公园划船。
Yàoshi míngtiān tiānqì hǎo, wǒmen jiù qù gōngyuán huá chuán.

❷ A 今天他们两个怎么穿得这么漂亮？
Jīntiān tāmen liǎng ge zěnme chuān de zhème piàoliang?

B 结婚嘛。
Jiéhūn ma.

1 '又……又……'

'~하면서 ~하다'라는 뜻으로, 두 가지 상황이나 성질이 동시에 존재함을 나타낸다.

你的房间又干净又漂亮。 당신의 방은 깨끗하고 예쁘네요.
Nǐ de fángjiān yòu gānjìng yòu piàoliang.

那儿的东西又便宜又好。 그곳의 물건은 싸고 좋다.
Nàr de dōngxi yòu piányi yòu hǎo.

他的汉字写得又好又快。 그는 한자를 잘 쓰면서도 빨리 쓴다.
Tā de Hànzì xiě de yòu hǎo yòu kuài.

2 '要是……就……'

접속사 '要是 yàoshi'는 '만약 ~라면'의 가정을 나타내는데, 뒤 절에는 자주 부사 '就 jiù'를 써서 앞 절에 이어 결론을 도출해 낸다.

你要是有那本小说就带来。 만약 그 소설이 있다면, 가지고 오세요.
Nǐ yàoshi yǒu nà běn xiǎoshuō jiù dàilai.

要是明天不上课，我们就去北海公园。
Yàoshi míngtiān bú shàngkè, wǒmen jiù qù Běihǎi Gōngyuán.
만약 내일 수업이 없다면, 우리는 베이하이 공원에 갈 것이다.

你要是有时间，就来我家玩儿。 만약 시간이 있으면, 우리 집에 놀러 오세요.
Nǐ yàoshi yǒu shíjiān, jiù lái wǒ jiā wánr.

1 괄호 안의 단어를 사용해 질문에 대답해 보세요.

❶ 北海公园怎么样？（又……又……）

❷ 这个星期天你去公园玩儿吗？（要是……就……）

❸ 为什么你喜欢这件衣服？（喜欢 / 颜色）

❹ 这套书是你买的吗？（不是……，是……）

2 '很' '真' '极了' '更' '太……了'를 사용해 문장을 완성해 보세요.

❶ 这个句子＿＿＿＿＿＿＿＿，大家都会翻译。

❷ 她很会做中国菜，她做的鱼＿＿＿＿＿＿＿＿。

❸ 今天天气＿＿＿＿＿＿＿＿，听说明天天气＿＿＿＿＿＿＿＿。
我们应该出去玩儿玩儿。

❹ 你这张照片＿＿＿＿＿＿＿＿，人很漂亮，那些花儿也很美。

3 괄호 안의 어휘를 사용해 문장을 완성해 보세요.

❶ 那个商店的东西＿＿＿＿＿＿＿＿＿＿。（又……又……）

❷ 这种橘子＿＿＿＿＿＿＿＿＿＿。（又……又……）

❸ 要是我有钱，＿＿＿＿＿＿＿＿＿＿。（就）

❹ 要是明天天气不好，＿＿＿＿＿＿＿＿＿＿。（就）

4 상황에 맞게 대화를 완성하세요.

❶ **A** 你的字写得真好！

B ＿＿＿＿＿＿＿＿＿＿，你写得更好。

A ＿＿＿＿＿＿＿＿＿＿，我刚学。

❷ A 你看，这套西服(xīfú, 정장)怎么样?

B ____________________，贵吗?

A 不太贵。

B ____________________，还有吗?

A 怎么? 你也想买吗?

B 是啊，____________________。

5 듣고 따라 말해 보세요. ▶25-07

玛丽的毛衣是新疆生产的，样子好看，颜色也漂亮。大卫说，新疆的水果和饭菜也好吃极了。玛丽听了很高兴。她约大卫今年七月去新疆。在新疆可以玩儿，可以吃很多好吃的东西。大卫让玛丽别吃得太多，要是吃得太多，回来以后就不能穿那件毛衣了。

新疆 Xīnjiāng 고유 신장웨이우얼 자치구 | 生产 shēngchǎn 동 생산하다 | 水果 shuǐguǒ 명 과일 | 饭菜 fàncài 명 밥과 반찬, 식사

6 발음을 연습하세요.

❶ 자주 쓰이는 발음 ▶25-08

xiao	xiāoxi (消息) xiǎoháir (小孩儿) xiào le (笑了)
ke	kēxué (科学) kěyǐ (可以) kèqi (客气)

❷ 큰 소리로 읽기 ▶25-09

A Zhèxiē huār shì mǎi de ma?

B Bú shì mǎi de, shì wǒ zuò de.

A Nǐ de shǒu zhēn qiǎo!

B Nǎr a, wǒ gāng xué.

A Shì gēn Hézǐ xué de ma?

B Bú shì, shì gēn yí ge Zhōngguó tóngxué xué de.

복습 5

21, 22, 23, 24, 25

상황 회화

1 방금 샤오린이 당신을 찾아왔어요 fuxi 05-01

A 刚才小林来找你，你不在。
Gāngcái Xiǎo Lín lái zhǎo nǐ, nǐ bú zài.

B 我去朋友那儿，刚回来。他有事吗？
Wǒ qù péngyou nàr, gāng huílai. Tā yǒu shì ma?

A 他让我告诉你，下星期六他结婚，请你去喝喜酒。
Tā ràng wǒ gàosu nǐ, xiàxīngqīliù tā jiéhūn, qǐng nǐ qù hē xǐjiǔ.

B 真的吗？那我一定去。我还没参加过中国人的婚礼呢。
Zhēn de ma? Nà wǒ yídìng qù. Wǒ hái méi cānjiāguo Zhōngguórén de hūnlǐ ne.

A 下星期六我来找你，我们一起去。
Xiàxīngqīliù wǒ lái zhǎo nǐ, wǒmen yìqǐ qù.

B 好的。
Hǎo de.

2 나 혼자 갈게요 fuxi 05-02

A 你怎么了？病了吗？
Nǐ zěnme le? Bìng le ma?

B 是的。真遗憾，今天我不能去参加小林的婚礼了。
Shì de. Zhēn yíhàn, jīntiān wǒ bù néng qù cānjiā Xiǎo Lín de hūnlǐ le.

A 你就在宿舍休息吧，我一个人去。再见！
Nǐ jiù zài sùshè xiūxi ba, wǒ yí ge rén qù. Zàijiàn!

B 再见！
Zàijiàn!

3 누가 왔는지 보세요 ▶fuxi 05-03

A 可以进来吗？
Kěyǐ jìnlai ma?

B 请进。
Qǐng jìn.

A 你看，谁来了？
Nǐ kàn, shéi lái le?

B 啊，小林！对不起，那天我病了，没去参加你们的婚礼。
À, Xiǎo Lín! Duìbuqǐ, nà tiān wǒ bìng le, méi qù cānjiā nǐmen de hūnlǐ.

林 没关系。你的病好了吗？
Lín Méi guānxi. Nǐ de bìng hǎo le ma?

B 好了。
Hǎo le.

林 今天我给你送喜糖来了。
Lín Jīntiān wǒ gěi nǐ sòng xǐtáng lái le.

B 谢谢你！听说你爱人很漂亮。
Xièxie nǐ! Tīngshuō nǐ àiren hěn piàoliang.

A 她还会唱歌跳舞呢。那天唱得好听极了。
Tā hái huì chàng gē tiàowǔ ne. Nà tiān chàng de hǎo tīng jí le.

他们还表演了两个人吃一块糖。
Tāmen hái biǎoyǎn le liǎng ge rén chī yí kuài táng.

林 你别听他的。
Lín Nǐ bié tīng tā de.

B 那是接吻吗？
Nà shì jiēwěn ma?

A 是的，中国人不在别人面前接吻，这是结婚的时候
Shì de, Zhōngguórén bú zài biérén miànqián jiēwěn, zhè shì jiéhūn de shíhou

大家闹着玩儿的。
dàjiā nàozhe wánr de.

fuxi 05-04

林 Lín 고유 린 [성] | 喜酒 xǐjiǔ 명 결혼 축하주 | 婚礼 hūnlǐ 명 결혼식 | 病 bìng 명동 병, 병나다 | 喜糖 xǐtáng 명 결혼식 때 신랑, 신부가 하객들에게 나누어 주는 사탕 | 表演 biǎoyǎn 명 연출하다, 공연하다 | 接吻 jiēwěn 동 키스하다 | 面前 miànqián 명 면전, 눈앞 | 闹着玩儿 nàozhe wánr 장난하다

핵심 어법

어기조사 '了'와 동태조사 '了'

1 어기조사 '了 le'는 문장 끝에 쓰여 어떤 일이나 상황이 이미 발생했음을 강조한다. 동태조사 '了 le'는 동사 뒤에 쓰여 이 동작이 이미 완료되었거나 반드시 실현될 것임을 강조한다.

A 昨天你去哪儿了？ 어제 너는 어디에 갔었니?
Zuótiān nǐ qù nǎr le?

B 我去友谊商场了。 난 여우이 상점에 갔었어. [이 일이 이미 발생함]
Wǒ qù yǒuyì shāngchǎng le.

A 你买了什么东西？ 넌 무엇을 샀니?
Nǐ mǎi le shénme dōngxi?

B 我买了一套衣服。 난 옷 한 벌을 샀어. ['买'라는 동작이 이미 완료됨]
Wǒ mǎi le yí tào yīfu.

2 동사 뒤에 동태조사 '了 le'가 오고, 또 간단한 목적어가 있을 때 목적어 앞에는 일반적으로 수량사나 기타 관형어가 와야 하며, 혹은 비교적 복잡한 부사어가 있어야 문장을 이룰 수 있다.

我买了一件毛衣。 나는 스웨터 한 벌을 샀다.
Wǒ mǎi le yí jiàn máoyī.

他做了很好吃的菜。 그는 맛있는 요리를 만들었다.
Tā zuò le hěn hǎochī de cài.

我很快地转告了她。 나는 급히 그녀에게 전했다.
Wǒ hěn kuài de zhuǎngào le tā.

3 구체적인 동작을 나타내지 않는 동사인 '是 shì' '在 zài' '像 xiàng' 등이나 존재를 나타내는 '有 yǒu'에는 일반적으로 동태조사 '了 le'를 쓰지 않는다.

4 구체적인 동작을 나타내지 않는 동사술어문이나 일반적인 동사술어문의 부정형, 그리고 형용사술어문 등의 문미에는 '了 le'가 올 수 있는데, 이 경우에는 변화를 나타낸다.

现在是冬天(dōngtiān, 겨울)了。天气冷了。 이제 겨울이 되었다. 날씨가 추워졌다.
Xiànzài shì dōngtiān le. Tiānqì lěng le.

他现在不是学生，是老师了。 그는 이제 학생이 아니라 선생님이다.
Tā xiànzài bú shì xuésheng, shì lǎoshī le.

我不去玛丽那儿了。 나는 메리에게 가지 않겠다.
Wǒ bú qù Mǎlì nàr le.

실전연습

1 실제 상황에 근거해 질문에 대답해 보세요.

❶ 现在你正在做什么？昨天这个时候你在做什么？

❷ 放假的时候，你都去哪儿了？买了什么？

❸ 你说汉语说得怎么样？汉字会不会写？

❹ 你有没有觉得遗憾的事？请说一说。

2 제시된 문장으로 회화를 연습해 보세요.

❶ 칭찬하기(옷, 음식, 집)

多好(漂亮、美、好看)啊！	哪儿啊！
真好吃(干净……)！	马马虎虎！
……极了！	是吗?
又……又……	

❷ 사과하기(지각했을 때, 물건을 망가뜨렸을 때, 물건을 더렵혔을 때)

对不起！　　请原谅！　　真抱歉！　　没关系。　　没什么。

❸ 유감 표시하기(좋은 곳에 가지 못했을 때, 좋아하는 물건을 사지 못했을 때)

太可惜了！　　真不巧！　　真遗憾！

3 상황에 맞게 대화를 완성하세요.

❶ **A** 喂，玛丽吗? 今天我请你吃晚饭。

B 真的吗? ______________________________?

A 北京饭店。______________________________。

B 不用接我，七点我自己去。

❷ **A** 昨天的话剧好极了，你怎么没去看啊?

B ______________。______________！这个星期还演吗?

A 可能还演，你可以打电话问问。

4 발음을 연습하세요.

❶ 성조 연습: 제2성+제4성 ▶fuxi 05-05

yíhàn (遗憾)

bú yào yíhàn (不要遗憾)

yídìng bú yào yíhàn (一定不要遗憾)

❷ 큰 소리로 읽기 ▶fuxi 05-06

A Zhè jiàn máoyī zhēn piàoliang, wǒ hěn xǐhuan zhège yánsè.

B Kěxī yǒudiǎnr duǎn.

A (Duì C) Nǐ bāng wǒ kànkan, yǒu cháng diǎnr de ma?

C Méiyǒu.

A Zhēn yíhàn.

단문독해 ▶fuxi 05-07

我昨天晚上到北京。今天早上我对姐姐说，我出去玩儿玩儿。姐姐说："你很累了，昨天晚上也没睡好觉，你今天在家休息，明天我带你去玩儿。"我在家觉得没意思，姐姐出去买东西的时候，我就一个人出去了。

Wǒ zuótiān wǎnshang dào Běijīng. Jīntiān zǎoshang wǒ duì jiějie shuō, wǒ chūqu wánr wánr. JiěJie shuō: "Nǐ hěn lèi le, zuótiān wǎnshang yě méi shuìhǎo jiào, nǐ jīntiān zài jiā xiūxi, míngtiān wǒ dài nǐ qù wánr." Wǒ zài jiā juéde méi yìsi, jiějie chūqu mǎi dōngxi de shíhou, wǒ jiù yí ge rén chūqu le.

北京这个地方很大，我第一次来，也不认识路。我走到一个公园门口， 就进去了。

Běijīng zhè ge dìfang hěn dà, wǒ dì-yī cì lái, yě bú rènshi lù. Wǒ zǒu dào yí ge gōngyuán ménkǒu, jiù jìnqu le.

公园里的花儿开得漂亮极了。玩儿了一会儿我觉得累了，就坐在长椅上休息。

Gōngyuán li de huār kāi de piàoliang jí le . Wánr le yíhuìr wǒ juéde lèi le, jiù zuò zài chángyǐ shang xiūxi.

"喂，要关门了，快回去吧！"一个公园里的人叫我。哎呀，刚才我睡着了。现在已经很晚了，我想姐姐一定在找我呢，得快回家了。

"Wéi, yào guānmén le, kuài huíqu ba!" Yí ge gōngyuán li de rén jiào wǒ. Āiyā, gāngcái wǒ shuìzháo le. Xiànzài yǐjīng hěn wǎn le, wǒ xiǎng jiějie yídìng zài zhǎo wǒ ne, děi kuài huí jiā le.

长椅 chángyǐ 명 벤치 | 关门 guānmén 동 문을 닫다 | 睡着 shuìzháo 동 잠들다 | 得 děi 조 ~해야 한다

| 축하하기 |

26 祝贺你

축하합니다

26-01

181 这次考试，成绩还可以。 이번 시험은 성적이 그런대로 괜찮습니다.

Zhè cì kǎoshì, chéngjì hái kěyǐ.

182 他的成绩全班第一。 그의 성적은 반 전체에서 1등입니다.

Tā de chéngjì quán bān dì-yī.

183 考得真好，祝贺你！ 시험을 정말 잘 봤군요. 축하합니다!

Kǎo de zhēn hǎo, zhùhè nǐ!

184 祝你生日快乐！ 생일 축하합니다!

Zhù nǐ shēngrì kuàilè!

185 祝你身体健康！ 건강하세요!

Zhù nǐ shēntǐ jiànkāng!

186 尼娜有事来不了。 니나는 일이 있어서 못 옵니다.

Nínà yǒu shì lái bu liǎo.

187 我送你一件礼物，请收下。

Wǒ sòng nǐ yí jiàn lǐwù, qǐng shōuxià.

당신에게 선물을 하나 드리니, 받아 주세요.

188 你打开盒子看看。 상자를 열어 보세요.

Nǐ dǎkāi hézi kànkan.

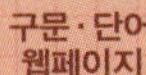

새 단어 ▶26-02

成绩 chéngjì 명 성적, 성과

全 quán 형부 전부, 모두

班 bān 명 반

考 kǎo 동 시험을 보다

祝贺 zhùhè 동 축하하다

祝 zhù 동 축복하다, 축하하다

快乐 kuàilè 형 즐겁다, 유쾌하다

了 liǎo 동 동사 뒤에서 得/不와 함께 가능 또는 불가능을 나타냄

打开 dǎkāi 동 열다

盒子 hézi 명 작은 상자

笔试 bǐshì 명 필기시험

分 fēn 명 점수, 점

口试 kǒushì 명 구술시험

蛋糕 dàngāo 명 케이크

只 zhī 양 마리

狗 gǒu 명 개

可爱 kě'ài 형 귀엽다, 사랑스럽다

| 표현 확장 |

幸福 xìngfú 형명 행복하다, 행복

门 mén 명 문

问题 wèntí 명 문제

难 nán 형 어렵다

新婚 xīnhūn 동 막 결혼하다

단원 해석·모범답안 ▶ 237쪽

회화

1 반 전체에서 1등이에요 ▶26-03

刘京　这次考试成绩怎么样?
Liú Jīng　Zhè cì kǎoshì chéngjì zěnmeyàng?

大卫　还可以。笔试九十分，口试八十五分。
Dàwèi　Hái kěyǐ. Bǐshì jiǔshí fēn, kǒushì bāshíwǔ fēn.

玛丽　你知道吗? 他的成绩全班第一。
Mǎlì　Nǐ zhīdao ma? Tā de chéngjì quán bān dì-yī.

刘京　考得真好，祝贺你!
Liú Jīng　Kǎo de zhēn hǎo, zhùhè nǐ!

大卫　玛丽考得也不错。
Dàwèi　Mǎlì kǎo de yě búcuò.

玛丽　这要感谢刘京和王兰的帮助。
Mǎlì　Zhè yào gǎnxiè Liú Jīng hé Wáng Lán de bāngzhù.

2 생일 축하해요! ▶26-04

玛丽　王兰，祝你生日快乐!
Mǎlì　Wáng Lán, zhù nǐ shēngrì kuàilè!

刘京　我们送你一个生日蛋糕。祝你身体健康!
Liú Jīng　Wǒmen sòng nǐ yí ge shēngrì dàngāo. Zhù nǐ shēntǐ jiànkāng!

王兰　谢谢!
Wáng Lán　Xièxie!

大卫 这是我给你的花儿。
Dàwèi Zhè shì wǒ gěi nǐ de huār.

王兰 这些花儿真漂亮。
Wáng Lán Zhèxiē huār zhēn piàoliang.

大卫 尼娜有事来不了。
Dàwèi Nínà yǒu shì lái bu liǎo.

王兰 我知道，她给我发微信了。
Wáng Lán Wǒ zhīdao, tā gěi wǒ fā wēixìn le.

和子 我送你一件礼物，请收下。
Hézǐ Wǒ sòng nǐ yí jiàn lǐwù, qǐng shōuxià.

刘京 你知道她送的是什么吗？
Liú Jīng Nǐ zhīdao tā sòng de shì shénme ma?

王兰 不知道。
Wáng Lán Bù zhīdao.

和子 你打开盒子看看。
Hézǐ Nǐ dǎkāi hézi kànkan.

王兰 啊，是一只小狗。
Wáng Lán À, shì yì zhī xiǎo gǒu.

刘京 这个小东西多可爱啊❶！
Liú Jīng Zhège xiǎo dōngxi duō kě'ài a!

표현 따라잡기

❶ **这个小东西多可爱啊！** 이거 정말 귀엽다!

여기에서 '小东西'가 가리키는 것은 '장난감 강아지'이다. 때로는 '小东西'가 사람이나 동물을 가리키기도 하는데 이때는 좋아하는 감정이 내포되어 있다.

표현

1 응용 표현 26-05

❶ 祝你生日快乐!

新年快乐 xīnnián kuàilè
身体健康 shēntǐ jiànkāng
生活幸福 shēnghuó xìngfú
工作顺利 gōngzuò shùnlì

❷ 你打开盒子看看。

衣柜 yīguì　找 zhǎo
窗户 chuānghu　看 kàn
邮箱 yóuxiāng　看 kàn
门 mén　看 kàn

❸ 这个小东西多可爱啊!

公园 gōngyuán　美 měi
问题 wèntí　难 nán
鱼 yú　好吃 hǎochī
地方 dìfang　好玩儿 hǎowánr

2 확장 회화 26-06

❶ 今天玛丽的一个朋友结婚，玛丽发了微信祝贺他们。
Jīntiān Mǎlì de yí ge péngyou jiéhūn, Mǎlì fā le wēixìn zhùhè tāmen.

❷ 祝你们新婚愉快，生活幸福!
Zhù nǐmen xīnhūn yúkuài, shēnghuó xìngfú!

1 가능보어(1)

동사와 결과보어 사이에 구조조사 '得 de'를 넣으면 가능을 나타내는 가능보어가 된다. 예를 들어, '修得好 xiū de hǎo'는 '能修好 néng xiūhǎo'의 의미이며, '打得开 dǎ de kāi'는 '能打开 néng dǎkāi'의 의미이다. 이 문형의 부정형은 가운데의 '得'를 '不 bu'로 바꾸면 된다.

修得好 고칠 수 있다 [=能修好]
xiū de hǎo

打得开 열 수 있다 [=能打开]
dǎ de kāi

修不好 고칠 수 없다
xiū bu hǎo

打不开 열 수 없다
dǎ bu kāi

2 동사 '了'가 가능보어로 쓰일 때

❶ 동사 '了 liǎo'는 '끝내다' '종료하다'라는 뜻이다. 주로 동사 뒤에서 가능보어로 자주 쓰이는데, 이때는 어떤 행위의 실현 가능성에 대한 예측을 나타낸다.

明天你去得了公园吗? 내일 너는 공원에 갈 수 있니?
Míngtiān nǐ qù de liǎo gōngyuán ma?

他病了，今天来不了了。 그는 병이 나서 오늘 올 수 없게 되었다.
Tā bìng le, jīntiān lái bu liǎo le.

❷ 때로는 가능보어로 쓰여도 여전히 '끝내다'의 뜻을 나타낸다.

这么多菜，我一个人吃不了。 이렇게 많은 음식을 나 혼자서 다 먹을 수 없다.
Zhème duō cài, wǒ yí ge rén chī bu liǎo.

做这点儿练习，用不了半个小时。 이 정도의 숙제를 하는 데에는 30분도 걸리지 않는다.
Zuò zhè diǎnr liànxí, yòng bu liǎo bàn ge xiǎoshí.

3 동사 '开'가 결과보어로 쓰일 때

❶ 합쳐져 있거나 연결되어 있는 물건이 어떤 동작을 통해 분리됨을 의미한다.

她打开衣柜拿了一件衣服。 그녀는 옷장을 열고 옷을 한 벌 꺼냈다.
Tā dǎkāi yīguì ná le yí jiàn yīfu.

请打开书，看第十五页(yè, 페이지)。 책을 펴고 15페이지를 보세요.
Qǐng dǎkāi shū, kàn dì-shíwǔ yè.

❷ 어떤 동작을 통해 사람이나 사물을 어떤 장소에서 떠나게 함을 의미한다.

车来了，快走开！ 차가 왔어요. 빨리 비키세요!
Chē lái le, kuài zǒukāi!

快拿开桌子上的东西。 테이블 위의 물건을 어서 치우세요.
Kuài nákāi zhuōzi shang de dōngxi.

4 동사 '下'가 결과보어로 쓰일 때

❶ 사람이나 사물이 어떤 동작에 따라 높은 곳에서 낮은 곳으로 내려옴을 의미한다.

你坐下吧。 앉으세요.
Nǐ zuòxià ba.

他放下书就去吃饭了。 그는 책을 내려놓고, 밥을 먹으러 갔다.
Tā fàngxià shū jiù qù chī fàn le.

❷ 사람이나 사물을 어떤 장소에 고정시킴을 의미한다.

写下你的电话号码。 당신의 전화번호를 적으세요.
Xiěxià nǐ de diànhuà hàomǎ.

请收下这个礼物吧。 이 선물을 받으세요.
Qǐng shōuxià zhège lǐwù ba.

1 다음 제시된 어구를 읽고, 몇 개를 골라 문장을 만들어 보세요. ▶26-07

全班	生活幸福	买礼物	来得了
全家	全家幸福	送礼物	来不了
全校	幸福的生活	生日礼物	吃得了
全国	幸福的孩子	结婚礼物	吃不了

2 '多……啊'를 사용해 문장을 완성해 보세요.

❶ 这件衣服的颜色________________。

❷ 上课的时候，我去晚了，你知道我________________！

❸ 你没去过长城？那________________！

❹ 你爸爸、妈妈都很健康，你们全家________________！

❺ 你新买的自行车坏了，________________！

3 기원이나 축하의 표현을 사용해 대화를 완성하세요.

❶ A 听说你的两张画儿参加了画展(huàzhǎn, 그림 전시회)，________________！

B 谢谢！ 欢迎参观。

❷ A 明天要考试了。

B ________________！

❸ A 我妈妈来了，我明天陪她出去玩儿玩儿。

B ________________！

4 결과보어나 가능보어를 사용해 문장을 완성해 보세요.

❶ 房间里太热了，请________________________。

❷ 这是他给你的礼物，请________________________。

❸ 我的手表坏了，________________________？

❹ 这么多菜，我们________________________。

❺ 这件衣服真脏，________________________？

❻ 明天的会你________________________？

5 다음 상황에 근거해 대화를 나누세요.

❶ 你朋友考试成绩很好，你向他/她祝贺。
(친구의 시험 성적이 좋아 당신이 그/그녀를 축하해 준다.)

❷ 你的朋友结婚，你去祝贺他/她。
(친구가 결혼하게 되어 당신이 그/그녀를 축하해 준다.)

6 듣고 따라 말해 보세요. ▶26-08

上星期英语系的同学用英语唱歌，演话剧。王兰、刘京都参加了。那些同学的英语说得真好，歌唱得更好。以后我们要是能用汉语演话剧就好了。

刘京他们班演的话剧是全系第一，王兰唱歌是第三。我们高兴极了，都去祝贺他们。

话剧 huàjù 명 연극

7 발음을 연습하세요.

❶ 자주 쓰이는 발음 ▶26-09

yao	yāoqǐng (邀请) yáobǎi (摇摆) yàoshi (钥匙)
wu	wūzi (屋子) tiàowǔ (跳舞) fúwùyuán (服务员)

❷ 큰 소리로 읽기 ▶26-10

A Xīnnián hǎo!

B Xīnnián hǎo! Zhù nǐ xīnnián kuàilè!

A Zhù nǐmen quán jiā xìngfú!

B Zhù nǐmen shēntǐ jiànkāng, shēnghuó yúkuài!

A Xièxie!

| 권고하기 |

27 你别抽烟了

담배를 피우지 마세요

27-01

189 我有点儿咳嗽。 나는 기침을 좀 합니다.
Wǒ yǒudiǎnr késou.

190 你别抽烟了。 담배를 피우지 마세요.
Nǐ bié chōuyān le.

191 抽烟对身体不好。 흡연은 건강에 좋지 않습니다.
Chōuyān duì shēntǐ bù hǎo.

192 你去医院看看吧。 병원에 가 보세요.
Nǐ qù yīyuàn kànkan ba.

193 你开车开得太快了。 당신은 차를 너무 빨리 모는군요.
Nǐ kāichē kāi de tài kuài le.

194 开快了容易出事故。 차를 급히 몰면 사고가 나기 쉽습니다.
Kāikuài le róngyì chū shìgù.

195 昨天清华大学前边出交通事故了。
Zuótiān Qīnghuá Dàxué qiánbian chū jiāotōng shìgù le.
어제 칭화대학 앞에서 교통사고가 났습니다

196 你得注意安全啊！ 안전에 주의해야 합니다!
Nǐ děi zhùyì ānquán a!

영상 바로보기

구문·단어 웹페이지

새 단어 ▶27-02

有点儿 yǒudiǎnr 부 약간, 조금

咳嗽 késou 동 기침하다

抽 chōu 동 (담배를) 피우다

烟 yān 명 담배

医院 yīyuàn 명 병원

出 chū 동 발생하다

事故 shìgù 명 사고

交通 jiāotōng 명 교통

得 děi 조동 ~해야 한다

注意 zhùyì 동 조심하다, 주의하다

安全 ānquán 형 안전하다

每 měi 대 매, 각

舒服 shūfu 형 편안하다

习惯 xíguàn 동명 습관이 되다, 버릇, 습관

药 yào 명 약

技术 jìshù 명 기술

| 표현 확장 |

迟到 chídào 동 지각하다

头 tóu 명 머리

疼 téng 형 아프다

感冒 gǎnmào 동명 감기에 걸리다, 감기

病 bìng 명동 병, 병나다

不要 búyào 부 ~하지 마라

马路 mǎlù 명 대로, 큰길

眼睛 yǎnjing 명 눈

단원 해석·모범답안 ▶ 239쪽

회화

1 건강에 좋지 않아요 ▶27-03

李红 老张①，你怎么了？
Lǐ Hóng Lǎo Zhāng, nǐ zěnme le?

老张 没什么，有点儿咳嗽。
Lǎo Zhāng Méi shénme, yǒudiǎnr késou.

李红 你别抽烟了。
Lǐ Hóng Nǐ bié chōuyān le.

老张 我每天抽得不多。
Lǎo Zhāng Wǒ měi tiān chōu de bù duō.

李红 那对身体也不好。
Lǐ Hóng Nà duì shēntǐ yě bù hǎo.

老张 我想不抽，可是觉得不舒服。
Lǎo Zhāng Wǒ xiǎng bù chōu, kěshì juéde bù shūfu.

李红 时间长了就习惯了。
Lǐ Hóng Shíjiān cháng le jiù xíguàn le.

老张 好，我试试。今天先吃点儿药。
Lǎo Zhāng Hǎo, wǒ shìshi. Jīntiān xiān chī diǎnr yào.

李红 你去医院看看吧。
Lǐ Hóng Nǐ qù yīyuàn kànkan ba.

2 안전에 주의하세요! ▶27-04

王兰 你开车开得太快了。这样不安全。
Wáng Lán Nǐ kāichē kāi de tài kuài le. Zhèyàng bù ānquán.

大卫 我有事，得快点儿去。
Dàwèi Wǒ yǒu shì, děi kuài diǎnr qù.

王兰 那也不能开得这么快。
Wáng Lán Nà yě bù néng kāi de zhème kuài.

大卫 没关系。我开车的技术好。
Dàwèi Méi guānxi. Wǒ kāichē de jìshù hǎo.

王兰 开快了容易出事故。昨天清华大学前边出交通事故了。
Wáng Lán Kāikuài le róngyì chū shìgù. Zuótiān Qīnghuá Dàxué qiánbian chū jiāotōng shìgù le.

大卫 真的吗?
Dàwèi Zhēn de ma?

王兰 你得注意安全啊!
Wáng Lán Nǐ děi zhùyì ānquán a!

大卫 好，我以后不开快车了。
Dàwèi Hǎo, wǒ yǐhòu bù kāikuài chē le.

표현 따라잡기

1 老张

50~60세 정도의 동료, 친구, 이웃 등에게 쓰는 호칭으로, 성씨 앞에 '老'를 붙여 부르면 성명을 직접 부르는 것보다 친밀한 어기를 나타낸다. 여성에게는 잘 쓰지 않는다.

표현

1 응용 표현 ◎27-05

❶ 你别抽烟了。

去那儿 qù nàr
喝酒 hē jiǔ
开快车 kāikuài chē
迟到 chídào

❷ 你开车开得太快了。

写字 xiě zì	写 xiě	慢 màn
睡觉 shuìjiào	睡 shuì	晚 wǎn
起床 qǐchuáng	起 qǐ	早 zǎo
说汉语 shuō Hànyǔ	说 shuō	快 kuài

2 확장 회화 ◎27-06

❶ 我头疼、咳嗽，可能感冒了。一会儿我去医院看病。
Wǒ tóuténg、késou, kěnéng gǎnmào le. Yíhuìr wǒ qù yīyuàn kànbìng.

❷ 每个人都要注意交通安全。
Měi ge rén dōu yào zhùyì jiāotōng ānquán.

❸ 小孩子不要在马路上玩儿。
Xiǎoháizi búyào zài mǎlù shang wánr.

❹ 长时间看手机对眼睛不好。
Cháng shíjiān kàn shǒujī duì yǎnjing bù hǎo.

어법

1 부사어 '有点儿'

'有点儿 yǒudiǎnr'은 동사나 형용사 앞에서 부사어로 쓰여 정도가 경미함을 나타내며, 동시에 상황이 여의치 않다는 의미를 가진다.

这件事有点儿麻烦。 이 일은 약간 번거롭다.
Zhè jiàn shì yǒudiǎnr máfan.

今天有点儿热。 오늘은 좀 덥다.
Jīntiān yǒudiǎnr rè.

他有点儿不高兴。 그는 기분이 좀 언짢다.
Tā yǒudiǎnr bù gāoxìng.

2 존현문

사람이나 사물이 어떤 장소에 존재하거나 출현했음을, 또는 어떤 장소에서 없어졌음을 나타내는 동사술어문을 존현문이라고 한다. 장소명사가 주어에 오고, '존재' '출현' '소실'의 대상이 목적어에 온다.

昨天清华大学前边出交通事故了。 어제 칭화대학 앞에서 교통사고가 났다.
Zuótiān Qīnghuá Dàxué qiánbian chū jiāotōng shìgù le.

桌子上有一本汉英词典。 테이블 위에 중영사전이 한 권 있다.
Zhuōzi shang yǒu yì běn HànYīng cídiǎn.

前边走来一个外国人。 앞에 외국인 한 명이 걸어온다.
Qiánbian zǒu lái yí ge wàiguórén.

上星期走了一个美国学生。 지난주에 미국 학생 한 명이 떠났다.
Shàngxīngqī zǒu le yí ge Měiguó xuésheng.

1 '有点儿'이나 '(一)点儿'을 사용해 빈칸을 채우세요.

❶ 这件衣服__________长，请换一件短__________的。

❷ 刚来中国的时候，我生活__________不习惯，现在习惯__________了。

❸ 现在这么忙，你应该注意__________身体。

❹ 你病了，得去医院看看，吃__________药。

❺ 他刚才喝了__________酒，头__________疼，现在已经好__________了。

2 상황에 맞게 대화를 완성하세요.

❶ A 我想骑车去北海公园。

B 路太远，____________________。

A ____________________，我不累。

B 路上车多人多，要____________________。

A 我会的。

❷ A 我们唱唱歌吧。

B ____________________，现在十一点了，大家都要休息了。

A 好，____________________。

3 다음 상황에 근거해 대화를 나누세요.(권고의 표현 사용하기)

❶ 有一个参观的人要照相，可是这里不允许照相。你告诉他并劝阻(quànzǔ, 만류하다)他。
(한 관람객이 사진 촬영이 금지된 곳에서 사진을 찍으려고 한다. 당신은 그에게 알려 주고 사진 촬영을 만류한다.)

❷ 有一个人骑车，车后还带了一个人，这在中国是不允许的。警察和骑车的人对话。
(어떤 사람이 뒤에 사람을 한 명 태우고 자전거를 탄다. 이는 중국에서 금지된 행위이다. 경찰과 자전거 운전자가 대화를 나눈다.)

4 [보기]와 같이 다음 문장을 존현문으로 고쳐 보세요.

| 보기 | 有两个人往这边走来了。 ➜ 前边来了两个人。

❶ 有两个新同学来我们班了。 → ____________________

❷ 一支铅笔、一个本子放在桌子上。 → ____________________

❸ 两个中国朋友到我们宿舍来了。 → ____________________

❹ 一辆汽车从那边开来了。 → ____________________

5 듣고 따라 말해 보세요. ⊙27-07

昨天是刘京的生日，我们去他家给他祝贺。他妈妈做的菜很好吃。我们喝酒、吃饭、唱歌、跳舞，高兴极了。大家劝大卫别喝酒。为什么呢？他是骑摩托车去的。他要是喝酒，就太不安全了。

劝 quàn 동 권하다, 권고하다 | 摩托车 mótuōchē 명 오토바이

6 발음을 연습하세요.

❶ 자주 쓰이는 발음 ⊙27-08

yu	yì tiáo yú (一条鱼) Hànyǔ (汉语) yùjiàn (遇见)
jie	jiē diànhuà (接电话) jiéhūn (结婚) jiějie (姐姐) jiè shū (借书)

❷ 큰 소리로 읽기 ⊙27-09

A Bié jìnqu le.
B Wèi shénme?
A Tā yǒudiǎnr bù shūfu, shuìjiào le.
B Nǐ zhīdao tā shì shénme bìng ma?
A Gǎnmào.
B Chī yào le ma?
A Gāng chīguo.

| 비교하기 |

28 今天比昨天冷

오늘은 어제보다 춥습니다

28-01

197 今天比昨天冷。 오늘은 어제보다 춥습니다.
Jīntiān bǐ zuótiān lěng.

198 这儿比东京冷多了。 이곳은 도쿄보다 훨씬 춥습니다.
Zhèr bǐ Dōngjīng lěng duō le.

199 有时候下雨。 때때로 비가 옵니다.
Yǒushíhou xià yǔ.

200 天气预报说，明天有大风。
Tiānqì yùbào shuō, míngtiān yǒu dà fēng.
일기예보에서 내일은 바람이 많이 분다고 했습니다.

201 明天比今天还冷呢。 내일은 오늘보다 더 춥습니다.
Míngtiān bǐ jīntiān hái lěng ne.

202 你要多穿衣服。 옷을 많이 입어야 합니다.
Nǐ yào duō chuān yīfu.

203 那儿的天气跟这儿一样吗? 그곳 날씨는 이곳과 같습니까?
Nàr de tiānqì gēn zhèr yíyàng ma?

204 气温在零下二十多度。 기온이 영하 이십몇 도입니다.
Qìwēn zài língxià èrshí duō dù.

새 단어 ▶28-02

比 bǐ 개 ~보다, ~에 비해

有时候 yǒushíhou 때로(는), 이따금

下 xià 동 내리다, 떨어지다

雨 yǔ 명 비

预报 yùbào 동명 예보하다, 예보

还 hái 부 더, 더욱

气温 qìwēn 명 기온

度 dù 양 도 [온도를 재는 단위]

温度 wēndù 명 온도

低 dī 형 (정도가) 낮다

冬天 dōngtiān 명 겨울

雪 xuě 명 눈

夏天 xiàtiān 명 여름

滑 huá 동 미끄러지다

冰 bīng 명 얼음

| 표현 확장 |

暖和 nuǎnhuo 형 따뜻하다

旧 jiù 형 오래되다, 낡다

瘦 shòu 형 마르다

凉快 liángkuai 형 시원하다

好喝 hǎohē 형 (음료수 따위가) 맛있다

胖 pàng 형 뚱뚱하다

秋天 qiūtiān 명 가을

春天 chūntiān 명 봄

刮 guā 동 (바람이) 불다

단원 해석 · 모범답안 ▶ 240쪽

회화

1 날씨가 정말 춥네요 ▶28-03

刘京　今天天气真冷。
Liú Jīng　Jīntiān tiānqì zhēn lěng.

和子　是啊。今天比昨天冷，温度比昨天低五度。
Hézǐ　Shì a. Jīntiān bǐ zuótiān lěng, wēndù bǐ zuótiān dī wǔ dù.

刘京　这儿的天气你习惯了吗？
Liú Jīng　Zhèr de tiānqì nǐ xíguàn le ma?

和子　还不太习惯呢。这儿比东京冷多了。
Hézǐ　Hái bú tài xíguàn ne. Zhèr bǐ Dōngjīng lěng duō le.

刘京　你们那儿冬天不太冷吧？
Liú Jīng　Nǐmen nàr dōngtiān bú tài lěng ba?

和子　是的。
Hézǐ　Shì de.

刘京　东京常下雪吗？
Liú Jīng　Dōngjīng cháng xià xuě ma?

和子　很少下雪。有时候下雨。
Hézǐ　Hěn shǎo xià xuě. Yǒushíhou xià yǔ.

刘京　天气预报说，明天有大风，比今天还冷呢。
Liú Jīng　Tiānqì yùbào shuō, míngtiān yǒu dà fēng, bǐ jīntiān hái lěng ne.

和子　是吗？
Hézǐ　Shì ma?

刘京　你要多穿衣服，别感冒了。
Liú Jīng　Nǐ yào duō chuān yīfu, bié gǎnmào le.

2 나는 겨울을 좋아해요 28-04

玛丽　张老师，北京的夏天热吗？
Mǎlì　Zhāng lǎoshī, Běijīng de xiàtiān rè ma?

张老师　很热。你们那儿跟这儿一样吗？
Zhāng lǎoshī　Hěn rè. Nǐmen nàr gēn zhèr yíyàng ma?

玛丽　不一样，夏天不热，冬天很冷。
Mǎlì　Bù yíyàng, xiàtiān bú rè, dōngtiān hěn lěng.

张老师　有多冷？
Zhāng lǎoshī　Yǒu duō lěng?

玛丽　零下二十多度。
Mǎlì　Língxià èrshí duō dù.

张老师　真冷啊！
Zhāng lǎoshī　Zhēn lěng a!

玛丽　可是我喜欢冬天。
Mǎlì　Kěshì wǒ xǐhuan dōngtiān.

张老师　为什么？
Zhāng lǎoshī　Wèi shénme?

玛丽　可以滑冰、滑雪。
Mǎlì　Kěyǐ huábīng、huáxuě.

표현

1 응용 표현 ▶28-05

❶ 今天比昨天冷。

这儿 zhèr	那儿 nàr	暖和 nuǎnhuo
这本书 zhè běn shū	那本书 nà běn shū	旧 jiù
他 tā	我 wǒ	瘦 shòu

❷ 这儿比东京冷多了。

这儿 zhèr	那儿 nàr	凉快 liángkuai
这个练习 zhège liànxí	那个练习 nàge liànxí	难 nán
这条路 zhè tiáo lù	那条路 nà tiáo lù	远 yuǎn
这种咖啡 zhè zhǒng kāfēi	那种咖啡 nà zhǒng kāfēi	好喝 hǎohē

❸ 明天比今天还冷呢。

那儿的东西 nàr de dōngxi	这儿 zhèr	贵 guì
那个颜色 nàge yánsè	这个 zhège	好看 hǎokàn
那个孩子 nàge háizi	这个 zhège	胖 pàng

2 확장 회화 ▶28-06

❶ 欢迎你秋天来北京。那时候天气最好，不冷也不热。
Huānyíng nǐ qiūtiān lái Běijīng. Nà shíhou tiānqì zuì hǎo, bù lěng yě bú rè.

❷ 北京的春天常常刮风，不常下雨。
Běijīng de chūntiān chángcháng guā fēng, bù cháng xià yǔ.

1 '比'를 이용한 비교

❶ 개사 '比 bǐ'를 이용해 두 사물의 성질이나 특징 등을 비교할 수 있다.

他比我忙。그는 나보다 바쁘다.
Tā bǐ wǒ máng.

他二十岁，我十九岁，他比我大。그는 스무 살이고 나는 열아홉 살이다. 그가 나보다 나이가 많다.
Tā èrshí suì, wǒ shíjiǔ suì, tā bǐ wǒ dà.

今天比昨天暖和。오늘은 어제보다 따뜻하다.
Jīntiān bǐ zuótiān nuǎnhuo.

大卫唱歌唱得比我好。데이비드는 나보다 노래를 잘 부른다.
Dàwèi chàng gē chàng de bǐ wǒ hǎo.

❷ 대략적인 정도의 차이를 표현하고자 할 때에는 '一点儿 yìdiǎnr'이나 '一些 yìxiē'를 써서 정도 차이가 크지 않음을 나타낼 수 있다. 또는 '多了 duō le'와 '得多 de duō'를 써서 정도 차이가 매우 큼을 나타낼 수도 있다.

他比我大一点儿(一些)。그는 나보다 나이가 조금 많다.
Tā bǐ wǒ dà yìdiǎnr(yìxiē).

那儿比这儿冷多了。그곳은 여기보다 훨씬 춥다.
Nàr bǐ zhèr lěng duō le.

这个教室比那个教室大得多。이 교실은 저 교실보다 훨씬 크다.
Zhège jiàoshì bǐ nàge jiàoshì dà de duō.

她跳舞跳得比我好得多。그녀는 나보다 춤을 훨씬 잘 춘다.
Tā tiàowǔ tiào de bǐ wǒ hǎo de duō.

❸ '比 bǐ'가 쓰인 문장에는 '很 hěn' '非常 fēicháng' '太 tài' 등의 정도부사를 함께 쓸 수 없다.

他比我很大。(×)

今天比昨天非常暖和。(×)

2 수량보어

❶ '比 bǐ'를 이용해 비교를 나타내는 형용사술어에서 만약 두 사물의 구체적인 차이를 설명하고자 한다면 술어의 뒤에 수량사를 보어로 붙여 주면 된다.

今天的温度比昨天低五度。 오늘 온도는 어제보다 5도 낮다.
Jīntiān de wēndù bǐ zuótiān dī wǔ dù.

李红比我大两岁。 리훙은 나보다 두 살 많다.
Lǐ Hóng bǐ wǒ dà liǎng suì.

他家比我家多两口人。 그의 집은 우리 집보다 두 식구 많다.
Tā jiā bǐ wǒ jiā duō liǎng kǒu rén.

3 '多'를 사용한 어림수

'多 duō'는 수량사나 수사 뒤에 쓰여, 앞의 수를 약간 초과함을 나타낸다.

❶ 수사+양사+多

'1~9'로 끝나는 수사 및 수사 '10'에서, '多 duō'가 수량사 뒤에 쓰이면 '한 자릿수 이하'의 어림수를 나타낸다.

两岁多 두 살가량 [2세 이상 3세 미만]
liǎng suì duō

56块多 56위안가량 [56위안 이상 57위안 미만]
wǔshíliù kuài duō

378米多长 378미터가량 [378미터 이상 379미터 미만]
sān bǎi qīshíbā mǐ duō cháng

10个多月 10개월가량 [10개월 이상 11개월 미만]
shí ge duō yuè

❷ 수사+多+양사

'0'으로 끝나는 수사에서 '多 duō'가 수사의 뒤, 양사의 앞에 위치할 때, '多'는 앞의 수보다 약간 더 큰 어림수를 나타낸다. '多'는 앞의 단위 이하 자리의 수를 나타낸다.

20多岁 20여 세 [20세 이상 30세 미만]
èrshí duō suì

400多块钱 400여 위안 [400위안 이상 500위안 미만]
sì bǎi duō kuàiqián

580多人 580여 명 [580명 이상 590명 미만]
wǔ bǎi bāshí duō rén

10多斤重 10여 근 [10근 이상 20근 미만]
shí duō jìn zhòng

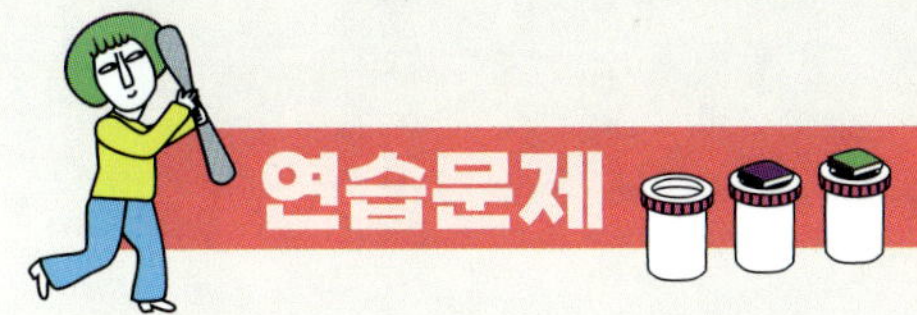

1 다음 제시된 어구를 읽고, 몇 개를 골라 문장을 만들어 보세요. ⊙28-07

上楼 下楼	上飞机 下飞机	上课 下课	楼上 楼下	桌子上 床下	上星期 下星期

2 괄호 안의 단어가 들어갈 알맞은 위치를 고르세요.

1. 今天很冷，你要 **A** 穿 **B** 衣服。（多）
2. 你 **A** 喝 **B** 点儿酒吧。（少）
3. 以后我们 **A** 联系 **B**。（多）
4. 老师问你呢，你 **A** 回答 **B**！（快）

3 [보기]와 같이 '比'를 사용해 문장을 고쳐 보세요.

| 보기 | 我有五本书，他有二十本书。 → 他的书比我多。/ 我的书比他少。

1. 我二十四岁，他二十岁。
   → ______________________________
2. 昨天气温二十七度，今天二十五度。
   → ______________________________
3. 她的毛衣很好看，我的毛衣不好看。
   → ______________________________
4. 小王常常感冒，小刘很少有病。
   → ______________________________

4 상황에 맞게 대화를 완성하세요.

A 你怎么又感冒了?

B 这儿的春天__________________________。（比 / 冷）

A __________________________?

B 二十多度。

A ____。（比 / 暖和）

B 这儿早上和晚上冷，中午暖和，__________________________。

A 时间长了，你就习惯了。

5 질문에 대답해 보세요.

❶ 今天三十四度，昨天三十度，今天比昨天高几度?

❷ 张丽英家有五口人，王兰家只有三口人，张丽英家比王兰家多几口人?

❸ 刘京二十三岁，王兰二十二岁，刘京比王兰大多了还是大一点儿?

❹ 这个楼有四层，那个楼有十六层，那个楼比这个楼高多少层?

6 듣고 따라 말해 보세요. ▶28-08

人们都说春天好，春天是一年的开始，要是有一个好的开始，这一年就会很顺利。一天也是一样，早上是一天的开始。要是从早上就注意怎么样生活、学习、工作，这一天就会过得很好。

让我们都爱春天、爱时间吧！要是不注意，以后会觉得遗憾的。

开始 kāishǐ 명동 처음, 시작되다 | 爱 ài 동 사랑하다

7 발음을 연습하세요.

❶ 자주 쓰이는 발음 ▶28-09

jin	jīntiān (今天) búyào jǐn (不要紧) qǐng jìn (请进)
chan	chānfú (搀扶) yǎn chán (眼馋) shēngchǎn (生产)

❷ 큰 소리로 읽기 ▶28-10

A Jīnnián dōngtiān bù lěng.
B Shì bǐ qùnián nuǎnhuo.
A Dōngtiān tài nuǎnhuo bù hǎo.
B Wèi shénme?
A Róngyì yǒu bìng.

| 취미 |

29 我也喜欢游泳

나도 수영을 좋아합니다

29-01

205 你喜欢什么运动? 당신은 어떤 운동을 좋아합니까?

Nǐ xǐhuan shénme yùndòng?

206 爬山、滑冰、游泳，我都喜欢。

Pá shān、huábīng、yóuyǒng, wǒ dōu xǐhuan.

등산, 스케이트, 수영을 모두 좋아합니다.

207 你游泳游得好不好? 당신은 수영을 잘합니까?

Nǐ yóuyǒng yóu de hǎo bu hǎo?

208 我游得不好，没有你游得好。

Wǒ yóu de bù hǎo, méiyǒu nǐ yóu de hǎo.

나는 수영을 잘 못합니다. 당신보다 잘하지 못합니다.

209 谁跟谁比赛? 누구와 누구가 경기를 합니까?

Shéi gēn shéi bǐsài?

210 北京队对广东队。 베이징 팀 대 광둥 팀입니다.

Běijīng duì duì Guǎngdōng duì.

211 我在写毛笔字，没画画儿。

Wǒ zài xiě máobǐzì, méi huà huàr.

나는 그림을 그리는 게 아니라, 붓글씨를 쓰고 있습니다.

212 我想休息一会儿。 나는 잠시 쉬고 싶습니다.

Wǒ xiǎng xiūxi yíhuìr.

구문·단어 웹페이지

새 단어 ▷29-02

运动 yùndòng 명동 운동, 운동하다

爬 pá 동 기어오르다, 오르다

山 shān 명 산

游泳 yóuyǒng 동 수영하다

游 yóu 동 헤엄치다

没有 méiyǒu 동 ~에 못 미치다

比赛 bǐsài 동명 시합하다, 경기하다, 시합, 경기

队 duì 명 팀

毛笔 máobǐ 명 붓

踢 tī 동 차다, 발길질하다

足球 zúqiú 명 축구

篮球 lánqiú 명 농구

练 liàn 동 연습하다

教 jiāo 동 가르치다

散步 sànbù 동 산책하다

| 표현 확장 |

跑步 pǎobù 동 달리다

回答 huídá 동 대답하다

话 huà 명 말

站 zhàn 동 서다, 멈추다

躺 tǎng 동 눕다

放假 fàngjià 동 방학하다

旅行 lǚxíng 동 여행하다

太极拳 tàijíquán 명 태극권

钥匙 yàoshi 명 열쇠

丢 diū 동 잃다, 잃어버리다

| 고유명사 |

广东 Guǎngdōng 광둥

단원 해석·모범답안 ▶ 241쪽

회화

1 어떤 운동을 좋아하세요? ⊙29-03

刘京 你喜欢什么运动?
Liú Jīng Nǐ xǐhuan shénme yùndòng?

大卫 爬山、滑冰、游泳，我都喜欢，你呢?
Dàwèi Pá shān、huábīng、yóuyǒng, wǒ dōu xǐhuan, nǐ ne?

刘京 我常常踢足球、打篮球，也喜欢游泳。
Liú Jīng Wǒ chángcháng tī zúqiú、dǎ lánqiú, yě xǐhuan yóuyǒng.

大卫 你游得好不好?
Dàwèi Nǐ yóu de hǎo bu hǎo?

刘京 我游得不好，没有你游得好。明天有足球比赛，你看吗?
Liú Jīng Wǒ yóu de bù hǎo, méiyǒu nǐ yóu de hǎo. Míngtiān yǒu zúqiú bǐsài, nǐ kàn ma?

大卫 谁跟谁比赛?
Dàwèi Shéi gēn shéi bǐsài?

刘京 北京队对广东队。
Liú Jīng Běijīng duì duì Guǎngdōng duì.

大卫 那一定很有意思。
Dàwèi Nà yídìng hěn yǒu yìsi.

我很想看，票一定很难买吧?
Wǒ hěn xiǎng kàn, piào yídìng hěn nán mǎi ba?

刘京 现在去买，可能买得到。
Liú Jīng Xiànzài qù mǎi, kěnéng mǎi de dào.

2 붓글씨를 쓰고 있어요 ▶29-04

玛丽 你在画画儿吗?
Mǎlì Nǐ zài huà huàr ma?

大卫 在写毛笔字，没画画儿。
Dàwèi Zài xiě máobǐzì, méi huà huàr.

玛丽 你写得真不错!
Mǎlì Nǐ xiě de zhēn búcuò!

大卫 练了两个星期了。我没有和子写得好。
Dàwèi Liàn le liǎng ge xīngqī le. Wǒ méiyǒu Hézǐ xiě de hǎo.

玛丽 我也很喜欢写毛笔字，可是一点儿也不会。
Mǎlì Wǒ yě hěn xǐhuan xiě máobǐzì, kěshì yìdiǎnr yě bú huì.

大卫 没关系，你想学，王老师可以教你。
Dàwèi Méi guānxi, nǐ xiǎng xué, Wáng lǎoshī kěyǐ jiāo nǐ.

玛丽 那太好了!
Mǎlì Nà tài hǎo le!

大卫 写累了，我想休息一会儿。
Dàwèi Xiělèi le, wǒ xiǎng xiūxi yíhuìr.

玛丽 走，出去散散步吧。
Mǎlì Zǒu, chūqu sànsan bù ba.

표현

1 응용 표현 29-05

❶ 你游泳游得好不好?

跑步 pǎobù	跑 pǎo	快 kuài
打网球 dǎ wǎngqiú	打 dǎ	好 hǎo
滑雪 huáxuě	滑 huá	好 hǎo
回答问题 huídá wèntí	回答 huídá	对 duì

❷ 票一定很难买吧?

毛笔字 máobǐzì	写 xiě
广东话 Guǎngdōnghuà	懂 dǒng
中国画儿 Zhōngguó huàr	画 huà
汉语 Hànyǔ	学 xué

❸ 我想休息一会儿。

坐 zuò
睡 shuì
站 zhàn
躺 tǎng

2 확장 회화 29-06

❶ 放假的时候，他常去旅行。
Fàngjià de shíhou, tā cháng qù lǚxíng.

❷ 他每天早上打太极拳，晚饭后散步。
Tā měi tiān zǎoshang dǎ tàijíquán, wǎnfàn hòu sànbù.

❸ 糟糕，我的钥匙丢了。
Zāogāo, wǒ de yàoshi diū le.

어법

1 '有'와 '没有'를 이용한 비교

동사 '有 yǒu'나 그 부정형인 '没有 méiyǒu'는 비교구문에 쓸 수 있는데, 이때 비교주체가 어떤 기준이나 정도에 도달했거나 도달하지 못했음을 나타낸다. 이러한 비교 형식은 주로 의문문이나 부정문에 쓰인다.

你有他高吗? 너는 그 사람만큼 키가 크니?
Nǐ yǒu tā gāo ma?

那棵(kē, 그루)树有五层楼那么高。 그 나무는 5층 건물만큼 높다.
Nà kē shù yǒu wǔ céng lóu nàme gāo.

广州没有北京冷。 광저우는 베이징만큼 춥지 않다.
Guǎngzhōu méiyǒu Běijīng lěng.

我没有你游得好。 나는 너만큼 수영을 잘하지 못한다.
Wǒ méiyǒu nǐ yóu de hǎo.

2 '吧'를 이용한 의문문

어떤 일에 대해 어느 정도의 추측을 하고 있지만, 확신할 수는 없을 때 어기조사 '吧 ba'를 이용해 질문한다.

你最近很忙吧? Nǐ zuìjìn hěn máng ba? 요즘 많이 바쁘지?

票一定很难买吧? Piào yídìng hěn nán mǎi ba? 표를 사기가 매우 어렵겠지?

你很喜欢打球吧? Nǐ hěn xǐhuan dǎqiú ba? 넌 구기 운동를 좋아하지?

3 시량보어(1)

시량보어는 술어 뒤에서 동작이나 행위와 관련된 '시간량'을 보충하는 성분으로, 주로 어떤 동작이나 상태가 얼마 동안 지속되었는지를 설명한다.

我练了两个星期了。 나는 2주 동안 연습했다.
Wǒ liàn le liǎng ge xīngqī le.

我们休息了十分钟。 우리는 10분 쉬었다.
Wǒmen xiūxi le shí fēnzhōng.

火车开走一刻钟了。 기차가 떠난 지 15분 되었다.
Huǒchē kāizǒu yí kè zhōng le.

玛丽病了两天，没来上课。 메리는 이틀간 아파서 수업에 오지 않았다.
Mǎlì bìng le liǎng tiān, méi lái shàngkè.

1 다음 단어와 어울리는 동사를 찾아 동사 — 목적어 구조를 만들고, 몇 개를 골라 문장을 만들어 보세요.

足球	飞机	事故	礼物	问题	酒
汽车	电话	网球	生词	饭	歌

2 다음 '比'자문을 '没有'를 사용해 부정문으로 고쳐 보세요.

❶ 他滑冰比我滑得好。 → ______________________

❷ 王兰爬山比张老师爬得快。 → ______________________

❸ 他的手机比我的好。 → ______________________

❹ 这张照片比那张漂亮。 → ______________________

3 괄호 안의 단어가 들어갈 알맞은 위치를 고르세요.

❶ 我累极了，**A** 想 **B** 休息 **C** 。（一会儿）

❷ 他 **A** 在北京 **B** 住 **C** 了 **D** 了。（十年）

❸ 他的宿舍离教室很近，**A** 走 **B** 就到了 **C** 。（一刻钟）

❹ 他 **A** 迟到 **B** 了 **C** 。（十分钟）

4 상황에 맞게 대화를 완성하세요.

❶ **A** ______________________?

B 我喜欢打篮球，______________________?

A 我不喜欢打篮球。

B ______________________?

A 我喜欢爬山。

❷ A ____________________?

B 我不喝酒。

A ____________________? 少喝一点儿没关系。

B 我开车，喝酒不安全。

❸ A 你喜欢吃什么饭菜？喜欢不喜欢做饭？

B ____________________，____________________。

❹ A 休息的时候你喜欢做什么？

B ____________________。

❺ A 你喜欢喝什么？为什么？

B ____________________。

5 듣고 따라 말해 보세요. ▶29-07

汉斯有很多爱好。他喜欢运动，冬天滑冰，夏天游泳。到中国以后，他还学会了打太极拳。他画的画儿也不错。他房间里的那张画儿就是他自己画的。可是他也有一个不好的“爱好”，那就是抽烟。现在他身体不太好，要是不抽烟，他的身体一定比现在好。

汉斯 Hànsī 고유 한스 [인명] | 爱好 àihào 명 취미

6 발음을 연습하세요.

❶ 자주 쓰이는 발음 ▶29-08

zuo	zuótiān (昨天) zuǒyòu (左右) zuò liànxí (做练习)
jia	huí jiā (回家) jiǎhuà (假话) fàngjià (放假)

❷ 큰 소리로 읽기 ▶29-09

A Nǐ xǐhuan shénme?

B Wǒ xǐhuan dòngwù.

A Wǒ yě xǐhuan dòngwù.

B Shì ma? Nǐ xǐhuan shénme dòngwù?

A Wǒ xǐhuan xiǎo gǒu, nǐ ne?

B Wǒ xǐhuan dàxióngmāo.

| 언어 |

30 请你慢点儿说

천천히 말씀해 주세요

30-01

213 我的发音还差得远呢。 내 발음은 아직 멀었습니다.
Wǒ de fāyīn hái chà de yuǎn ne.

214 你学汉语学了多长时间了?
Nǐ xué Hànyǔ xué le duō cháng shíjiān le?
당신은 중국어를 배운 지 얼마나 됐습니까?

215 你能看懂中文小说吗? 당신은 중국어 소설을 볼 수 있습니까?
Nǐ néng kàndǒng Zhōngwén xiǎoshuō ma?

216 听和说比较难，看比较容易。
Tīng hé shuō bǐjiào nán, kàn bǐjiào róngyì.
듣기와 말하기는 좀 어렵지만, 보는 것은 비교적 쉽습니다.

217 慢点儿说，我听得懂。 천천히 말하면 알아들을 수 있습니다.
Màn diǎnr shuō, wǒ tīng de dǒng.

218 你忙什么呢? 뭐가 그렇게 바빠요?
Nǐ máng shénme ne?

219 我父亲来了，我要陪他去旅行。
Wǒ fùqīn lái le, wǒ yào péi tā qù lǚxíng.
아버지가 오셔서 나는 아버지를 모시고 여행을 가려고 합니다.

220 除了广州、上海以外，我们还要去香港。
Chúle Guǎngzhōu、Shànghǎi yǐwài, wǒmen hái yào qù Xiānggǎng.
우리는 광저우와 상하이 외에 홍콩에도 가려고 합니다.

새 단어 ▶30-02

发音 fāyīn 명 발음

比较 bǐjiào 부 비교적

父亲 fùqīn 명 아버지

除了…… 以外 chúle……yǐwài
~ 이외에도 또한, ~을 제외하고 모두

清楚 qīngchu 형 분명하다

查 chá 동 검사하다, 조사하다

谈 tán 동 이야기하다

提高 tígāo 동 향상시키다

能力 nénglì 명 능력

收拾 shōushi 동 정리하다

当 dāng 동 담당하다, 맡다

导游 dǎoyóu 명 관광 안내원, 가이드

普通话 pǔtōnghuà 명 현대 중국 표준어

放心 fàngxīn 동 마음 놓다, 안심하다

| 표현 확장 |

小时 xiǎoshí 명 시간

打字 dǎzì 동 타자를 치다

包子 bāozi 명 (소가 든) 찐빵, 왕만두

话剧 huàjù 명 연극

洗衣机 xǐyījī 명 세탁기

冰箱 bīngxiāng 명 냉장고

语法 yǔfǎ 명 어법

预习 yùxí 동 예습하다

记 jì 동 기억하다

| 고유명사 |

广州 Guǎngzhōu 광저우

香港 Xiānggǎng 홍콩

단원 해석 · 모범답안 ▶ 243쪽

회화

1 발음이 정확하네요 ▶30-03

李红　你汉语说得不错，发音很清楚。
Lǐ Hóng　Nǐ Hànyǔ shuō de búcuò, fāyīn hěn qīngchu.

大卫　哪儿啊，还差得远呢。
Dàwèi　Nǎr a, hái chà de yuǎn ne.

李红　你学汉语学了多长时间了？
Lǐ Hóng　Nǐ xué Hànyǔ xué le duō cháng shíjiān le?

大卫　学了半年了。
Dàwèi　Xué le bàn nián le.

李红　你能看懂中文小说吗？
Lǐ Hóng　Nǐ néng kàndǒng Zhōngwén xiǎoshuō ma?

大卫　不能。
Dàwèi　Bù néng.

李红　你觉得汉语难不难？
Lǐ Hóng　Nǐ juéde Hànyǔ nán bu nán?

大卫 Dàwèi	听和说比较难，看比较容易，可以查词典。 Tīng hé shuō bǐjiào nán, kàn bǐjiào róngyì, kěyǐ chá cídiǎn.
李红 Lǐ Hóng	我说的话，你能听懂吗? Wǒ shuō de huà, nǐ néng tīngdǒng ma?
大卫 Dàwèi	慢点儿说，我听得懂。 Màn diǎnr shuō, wǒ tīng de dǒng.
李红 Lǐ Hóng	你应该多跟中国人谈话。 Nǐ yīnggāi duō gēn Zhōngguórén tánhuà.
大卫 Dàwèi	对，这样可以提高听和说的能力。 Duì, zhèyàng kěyǐ tígāo tīng hé shuō de nénglì.

2 알아들을 수 없어요 ▶30-04

王兰 Wáng Lán	你忙什么呢? Nǐ máng shénme ne?
和子 Hézǐ	我在收拾东西呢。我父亲来了，我要陪他去旅行。 Wǒ zài shōushi dōngxi ne. Wǒ fùqīn lái le, wǒ yào péi tā qù lǚxíng.
王兰 Wáng Lán	去哪儿啊? Qù nǎr a?
和子 Hézǐ	除了广州、上海以外，我们还要去香港。 Chúle Guǎngzhōu、Shànghǎi yǐwài, wǒmen hái yào qù Xiānggǎng. 我得给他当导游。 Wǒ děi gěi tā dāng dǎoyóu.

王兰　那你父亲一定很高兴。
Wáng Lán　Nà nǐ fùqīn yídìng hěn gāoxìng.

和子　麻烦的是广东话、上海话我都听不懂。
Hézǐ　Máfan de shì Guǎngdōnghuà、Shànghǎihuà wǒ dōu tīng bu dǒng.

王兰　没关系，商店、饭店都说普通话。
Wáng Lán　Méi guānxi, shāngdiàn、fàndiàn dōu shuō pǔtōnghuà.

和子　他们能听懂我说的话吗？
Hézǐ　Tāmen néng tīngdǒng wǒ shuō de huà ma?

王兰　没问题。
Wáng Lán　Méi wèntí.

和子　那我就放心了。
Hézǐ　Nà wǒ jiù fàngxīn le.

1 응용 표현 ▶30-05

❶ 现在你能看懂中文小说吗?

下午 xiàwǔ	布置好 bùzhìhǎo	教室 jiàoshì
后天 hòutiān	修好 xiūhǎo	手机 shǒujī
晚上 wǎnshang	做完 zuòwán	翻译练习 fānyì liànxí

❷ A 你学汉语学了多长时间了?
B 学了半年了。

看比赛 kàn bǐsài	看 kàn	一个小时 yí ge xiǎoshí
翻译句子 fānyì jùzi	翻译 fānyì	一个半小时 yí ge bàn xiǎoshí
听音乐 tīng yīnyuè	听 tīng	二十分钟 èrshí fēnzhōng
打字 dǎzì	打 dǎ	半个小时 bàn ge xiǎoshí

❸ 除了广州、上海以外，我们还要去香港。

饺子 jiǎozi	包子 bāozi	吃菜 chī cài
京剧 jīngjù	话剧 huàjù	看杂技 kàn zájì
洗衣机 xǐyījī	电视 diànshì	买冰箱 mǎi bīngxiāng

2 확장 회화 ▶30-06

❶ 汉语的发音不太难，语法也比较容易。
Hànyǔ de fāyīn bú tài nán, yǔfǎ yě bǐjiào róngyì.

❷ 我预习了一个小时生词，现在这些生词都记住了。
Wǒ yùxí le yí ge xiǎoshí shēngcí, xiànzài zhèxiē shēngcí dōu jìzhù le.

1 시량보어(2)

❶ 시량보어가 목적어와 함께 문장에 나올 경우, 동사를 중복하고 시량보어는 두 번째 동사 뒤에 놓는다.

他昨天等你等了一个小时。 그는 어제 당신을 한 시간 기다렸다.
Tā zuótiān děng nǐ děng le yí ge xiǎoshí.

他们开会开了半个小时。 그들은 30분간 회의를 했다.
Tāmen kāihuì kāi le bàn ge xiǎoshí.

他念生词念了一刻钟。 그는 새 단어를 15분 동안 읽었다.
Tā niàn shēngcí niàn le yí kè zhōng.

他学英语学了两年了。 그는 영어를 2년간 배웠다.
Tā xué Yīngyǔ xué le liǎng nián le.

❷ 목적어가 인칭대명사일 경우, 시량보어는 일반적으로 목적어의 뒤에 온다. 반대로 목적어가 인칭대명사가 아닐 경우, 시량보어는 동사와 목적어 사이에 온다. 이때, 시량보어와 목적어 사이에는 '的 de'를 쓸 수 있다.

他昨天等了你一个小时。 그는 어제 당신을 한 시간 기다렸다.
Tā zuótiān děng le nǐ yí ge xiǎoshí.

他们开了半个小时(的)会。 그들은 30분간 회의를 했다.
Tāmen kāi le bàn ge xiǎoshí (de) huì.

他念了一刻钟(的)生词。 그는 새 단어를 15분 동안 읽었다.
Tā niàn le yí kè zhōng (de) shēngcí.

他学了两年(的)英语。 그는 영어를 2년간 배웠다.
Tā xué le liǎng nián (de) Yīngyǔ.

❸ 목적어가 비교적 복잡하거나 강조하고자 할 때는 목적어를 문장 맨 앞으로 이동시킨다.

那件漂亮的毛衣他试了半天。 그 예쁜 스웨터를 그는 한참 동안 입어 보았다.
Nà jiàn piàoliang de máoyī tā shì le bàntiān.

那本小说他看了两个星期。 그 소설을 그는 2주 동안 읽었다.
Nà běn xiǎoshuō tā kàn le liǎng ge xīngqī.

2 '除了……以外'

두 개의 절로 이루어진 복문 구조로, 앞 절의 대상을 포함하거나 배제하는 두 가지 용법으로 쓰인다. 이때 '以外 yǐwài'는 생략해도 된다.

❶ '~이외에도 또한'이라는 뜻으로, 뒤에는 '还 hái'나 '也 yě' 등이 호응한다. 앞 절의 대상을 포함한다.

和子和她父亲除了去上海以外，还去广州、香港。
Hézǐ hé tā fùqīn chúle qù Shànghǎi yǐwài, hái qù Guǎngzhōu、Xiānggǎng.
가즈코와 그의 아버지는 상하이 외에 광저우와 홍콩에도 간다.

除了小王以外，小张、小李也会说英语。
Chúle Xiǎo Wáng yǐwài, Xiǎo Zhāng、Xiǎo Lǐ yě huì shuō Yīngyǔ.
샤오왕 외에 샤오장과 샤오리도 영어를 할 줄 안다.

❷ '~을 제외하고는 모두'라는 뜻으로, 뒤에는 '都 dōu'가 호응한다. 앞 절에 언급한 대상을 배제한다.

这件事除了老张以外，我们都不知道。
Zhè jiàn shì chúle Lǎo Zhāng yǐwài, wǒmen dōu bù zhīdao.
이 일은 라오장을 제외하고는 우리 모두 모른다.

除了大卫以外，我们都去过长城了。
Chúle Dàwèi yǐwài, wǒmen dōu qùguo Chángchéng le.
데이비드를 제외하고는 우리 모두 만리장성에 가 본 적 있다.

1 다음 제시된 어구를 읽고, 몇 개를 골라 문장을 만들어 보세요. 30-07

参观了一小时	比赛了一(个)下午
修了一会儿	疼了两天
翻译了三天	旅行了一个星期
想了几分钟	收拾了半个小时

2 [보기]와 같이 시량보어를 사용해 문장을 만들어 보세요.

| 보기 | 开会　一个半小时。 ➡ 我们开会开了一个半小时。

❶ 听音乐　二十分钟 → ________________

❷ 跳舞　半个小时 → ________________

❸ 坐火车　七个小时 → ________________

❹ 找钥匙　好几分钟 → ________________

3 [보기]와 같이 '除了……以外'를 사용해 문장을 고쳐 보세요.

| 보기 | 我喜欢小狗，还喜欢大熊猫。 ➡ 除了小狗以外，我还喜欢大熊猫。

❶ 我每天都散步，还打太极拳。 → ________________

❷ 他会说英语，还会说汉语。 → ________________

❸ 在北京，他去过长城，没去过别的地方。 → ________________

❹ 我们班大卫会划船，别的人不会划船。 → ________________

4 실제 상황에 근거해 질문에 대답해 보세요.

❶ 你什么时候来这个城市(chéngshì, 도시)的？来这个城市多长时间了？

❷ 以前你学过汉语吗？学了多长时间？

❸ 每星期你们上几天课？

❹ 你每天运动吗？做什么运动？运动多长时间？

❺ 每天你几点睡觉？几点起床？大概睡多长时间？

5 상황에 맞게 대화를 완성하세요.

A 昨天的电影你看了吗？

B ____。

A ____？

B 听不懂，说得太快。

A 我也是。____。（要是…… / 能）

B 我们还要多练习听和说。

6 듣고 따라 말해 보세요. ▶30-08

有一个小孩儿学认字。老师在她的本子上写了一个"人"字，她学会了。第二天，老师见到她，在地上写了个"人"字，写得很大，她不认识了。老师说："这不是'人'字吗？你怎么忘了？"她说："这个人比昨天那个人大多了，我不认识他。"

认 rèn 동 식별하다

7 발음을 연습하세요.

❶ 자주 쓰이는 발음 ▶30-09

xian	xiānsheng (先生) wēixiǎn (危险) xiànzài (现在)
quan	yuánquān (圆圈) tàijíquán (太极拳) quàngào (劝告)

❷ 큰 소리로 읽기 ▶30-10

A nā ná nǎ nà.

B Nǐ liànxí fāyīn ne?

A Shì a, wǒ juéde fāyīn yǒudiǎnr nán.

B Nǐ fāyīn hěn qīngchu.

A Hái chà de yuǎn ne.

B Yàoshi nǐ měi tiān liànxí, jiù néng xué de hěn hǎo.

복습 6

26, 27, 28, 29, 30

상황 회화

1 그가 잊은 게 아닌가요? fuxi 06-01

[아리와 샤오왕, 샤오리는 모두 여행가는 것을 좋아한다. 그들은 오늘 톈진에 놀러가기로 약속했다. 지금 아리와 샤오왕은 기차역에서 샤오리를 기다리고 있다.]

阿里 小李怎么还不来?
Ālǐ Xiǎo Lǐ zěnme hái bù lái?

小王 他是不是忘了?
Xiǎo Wáng Tā shì bu shì wàng le?

阿里 不会的。昨天我给他打电话，说得很清楚，
Ālǐ Bú huì de. Zuótiān wǒ gěi tā dǎ diànhuà, shuō de hěn qīngchu,

告诉他十点五十开车，今天我们在这儿等他。
Gàosu tā shí diǎn wǔshí kāichē, jīntiān wǒmen zài zhèr děng tā.

小王 可能病了吧?
Xiǎo Wáng Kěnéng bìng le ba?

阿里 也可能有什么事，不能来了。
Ālǐ Yě kěnéng yǒu shénme shì, bù néng lái le.

小王 火车马上开了，我们也不去了，回家吧。
Xiǎo Wáng Huǒchē mǎshàng kāi le, wǒmen yě bú qù le, huí jiā ba.

阿里 去看看小李，问问他怎么回事。
Ālǐ Qù kànkan Xiǎo Lǐ, wènwen tā zěnme huí shì.

2 우리 모두 헛걸음했네요 ▶fuxi 06-02

[샤오리가 기숙사에서 잠을 자고 있을 때, 아리와 샤오왕이 들어온다.]

阿里 小李，醒醒。
Ālǐ Xiǎo Lǐ, xǐngxing.

小王 我说得不错吧，他真病了。
Xiǎo Wáng Wǒ shuō de búcuò ba, tā zhēn bìng le.

小李 谁病了？我没病。
Xiǎo Lǐ Shéi bìng le? Wǒ méi bìng.

阿里 那你怎么没去火车站呀？
Ālǐ Nà nǐ zěnme méi qù huǒchē zhàn ya?

小李 怎么没去呀？今天早上四点我就起床了，
Xiǎo Lǐ Zěnme méi qù ya? Jīntiān zǎoshang sì diǎn wǒ jiù qǐchuáng le,

到火车站的时候才四点半。等了你们半天，你们也不来，
dào huǒchē zhàn de shíhou cái sì diǎn bàn. Děng le nǐmen bàntiān, nǐmen yě bù lái,

我就回来了。我又累又困，就睡了。
wǒ jiù huílai le. Wǒ yòu lèi yòu kùn, jiù shuì le.

小王 我们的票是十点五十的，你那么早去做什么？
Xiǎo Wáng Wǒmen de piào shì shí diǎn wǔshí de, nǐ nàme zǎo qù zuò shénme?

小李 什么？十点五十？阿里电话里说四点五十。
Xiǎo Lǐ Shénme? Shí diǎn wǔshí? Ālǐ diànhuà li shuō sì diǎn wǔshí.

小王 我知道了，阿里说“十”和“四”差不多。
Xiǎo Wáng Wǒ zhīdao le, Ālǐ shuō “shí” hé “sì” chàbuduō.

小李 啊！ 我听错了。
Xiǎo Lǐ À! Wǒ tīngcuò le.

阿里 真对不起，我发音不好，让你白跑一趟。
Ālǐ Zhēn duìbuqǐ, wǒ fāyīn bù hǎo, ràng nǐ bái pǎo yí tàng.

小李 没什么，我们都白跑了一趟。
Xiǎo Lǐ Méi shénme, wǒmen dōu bái pǎo le yí tàng.

▶fuxi 06-03

阿里 Ālǐ 고유 아리 [인명] | 天津 Tiānjīn 고유 텐진 | 怎么回事 zěnme huí shì 어떻게 된 일인가 | 醒 xǐng 동 잠에서 깨다 | 困 kùn 형 졸리다 | 差不多 chàbuduō 형 비슷하다 | 错 cuò 형 틀리다 | 白跑一趟 bái pǎo yí tàng 헛걸음하다

핵심 어법

비교를 나타내는 여러 가지 방법

1 부사 ‘更’과 ‘最’를 이용한 비교

他汉语说得很好，他哥哥说得更好。 그는 중국어를 잘하는데, 그의 형은 더 잘한다.
Tā Hànyǔ shuō de hěn hǎo, tā gēge shuō de gèng hǎo.

这次考试他的成绩最好。 이번 시험에서 그의 성적이 제일 좋았다.
Zhè cì kǎoshì tā de chéngjì zuì hǎo.

2 '有'를 이용한 비교

你弟弟有你这么高吗？ 네 남동생은 너만큼 키가 크니?
Nǐ dìdi yǒu nǐ zhème gāo ma?

这种苹果没有那种好吃。 이 사과는 저것만큼 맛있지 않다.
Zhè zhǒng píngguǒ méiyǒu nà zhǒng hǎochī.

我没有他唱得好。/ 我唱得没有他好。/ 我唱歌唱得没有他好。
Wǒ méiyǒu tā chàng de hǎo. / Wǒ chàng de méiyǒu tā hǎo. / Wǒ chàng gē chàng de méiyǒu tā hǎo.
나는 그만큼 노래를 잘하지 못한다.

3 '跟……一样'을 이용한 비교

今天的天气跟昨天一样。 오늘의 날씨는 어제와 같다.
Jīntiān de tiānqì gēn zuótiān yíyàng.

我买的毛衣跟你的一样贵。 내가 산 스웨터는 네 것만큼 비싸다.
Wǒ mǎi de máoyī gēn nǐ de yíyàng guì.

4 '比'를 이용한 비교

위의 세 가지 비교 방법은 모두 다른 점과 같은 점, 혹은 차이가 있음을 나타낼 수는 있지만 구체적인 차이를 표현할 수는 없다.
'比 bǐ'를 이용하여 비교하면 단지 차이가 있음을 나타낼 뿐 아니라, 얼마나 차이가 있는지를 표현할 수 있다.

今天比昨天热。 오늘은 어제보다 덥다.
Jīntiān bǐ zuótiān rè.

我的自行车比他的新一点儿。 내 자전거는 그의 것보다 더 새 것이다.
Wǒ de zìxíngchē bǐ tā de xīn yìdiǎnr.

他买的杯子比我买的便宜十块钱。 그가 산 컵은 내가 산 것보다 10위안 싸다.
Tā mǎi de bēizi bǐ wǒ mǎi de piányi shí kuài qián.

他打蓝球比我打得好得多。/ 他打蓝球打得比我好得多。
Tā dǎ lánqiú bǐ wǒ dǎ de hǎo de duō. / Tā dǎ lánqiú dǎ de bǐ wǒ hǎo de duō.
그는 농구를 나보다 훨씬 잘한다.

실전연습

1 실제 상황에 근거해 질문에 대답해 보세요.

❶ 你有什么爱好？你最喜欢做什么？

❷ 你学过什么外语？你觉得难不难？

❸ 你在中国旅行过吗？除了普通话以外，哪儿的话容易懂？哪儿的话不容易懂？

❹ 你们国家的天气跟中国一样不一样？你习惯不习惯？

❺ 一年中你喜欢春天、夏天还是喜欢秋天、冬天？为什么？

2 제시된 문장으로 회화를 연습해 보세요.

❶ 축하 또는 기원하기 (생일, 결혼, 명절, 졸업 등)

祝你……好（愉快 / 幸福）！	谢谢！
祝贺你(了)！	谢谢你！
我们给你祝贺生日来了！	谢谢大家
祝你学习(工作)顺利！	多谢朋友们！！

❷ '别'를 이용해서 권고하기

你开车，别喝酒。
别急，你的病会好的。
他刚睡，别说话。
学汉语要多说，别不好意思。

❸ 취미 묻고 답하기

你喜欢什么？
你喜欢做什么？
你最喜欢什么？

3 상황에 맞게 대화를 완성하세요.

A 你学了多长时间汉语了?

B ______________________________。

A 你觉得听和说哪个难?

B ______________________________。

A 写呢?

B ______________________________。

A 现在你能看懂中文小说吗?

B ______________________________。

4 발음을 연습하세요.

❶ 성조 연습 : 제3성+제4성 ▶fuxi 06-04

kǒushì (口试)
wǒ qù kǒushì (我去口试)
wǔ hào wǒ qù kǒushì (五号我去口试)

❷ 큰 소리로 읽기 ▶fuxi 06-05

A Nǐ zhīdao ma? Shànghǎihuà li bù shuō “wǒmen”, shuō “ā lā”.
B Ò, yǒu yìsi, hé pǔtōnghuà zhēn bù yíyàng.
A Hěn duō fāngyán wǒ yě tīng bu dǒng.
B Suǒyǐ dōu yào xué pǔtōnghuà, shì ba?
A Nǐ shuō de hěn duì.

단문독해 fuxi 06-06

小张吃了晚饭回到宿舍，刚要打开电视机，就听见楼下有人
Xiǎo Zhāng chī le wǎnfàn huídào sùshè, gāng yào dǎkāi diànshìjī, jiù tīngjiàn lóuxià yǒu rén

叫他。他打开窗户往下看，是小刘。
jiào tā. Tā dǎkāi chuānghu wǎngxià kàn, shì Xiǎo Liú.

小刘给他一张电影票，让他星期天八点一起去看电影。他们
Xiǎo Liú gěi tā yì zhāng diànyǐng piào, ràng tā xīngqītiān bā diǎn yìqǐ qù kàn diànyǐng. Tāmen

说好在电影院门口见面。
shuō hǎo zài diànyǐngyuàn ménkǒu jiànmiàn.

星期天到了。小张先去看了一位朋友，下午去商店买了
Xīngqītiān dào le. Xiǎo Zhāng xiān qù kàn le yí wèi péngyou, xiàwǔ qù shāngdiàn mǎi le

一些东西。七点四十到电影院。他没看见小刘，就在门口等。
yìxiē dōngxi. Qī diǎn sìshí dào diànyǐngyuàn. Tā méi kànjiàn Xiǎo Liú, jiù zài ménkǒu děng.

差五分八点，电影就要开始了，可是小刘还没来。小张
Chà wǔ fēn bā diǎn, diànyǐng jiù yào kāishǐ le, kěshì Xiǎo Liú hái méi lái. Xiǎo Zhāng

想，小刘可能有事不来了，就一个人进电影院去了。电影院的
xiǎng, Xiǎo Liú kěnéng yǒu shì bù lái le, jiù yí ge rén jìn diànyǐngyuàn qù le. Diànyǐngyuàn de

人对小张说："八点没有电影，是不是你弄错了？"小张
rén duì Xiǎo Zhāng shuō: "Bā diǎn méiyǒu diànyǐng, shì bu shì nǐ nòngcuò le?" Xiǎo Zhāng

一看电影票，那上面写的是上午八点。小张想：我太
yí kàn diànyǐng piào, nà shàngmian xiě de shì shàngwǔ bā diǎn. Xiǎo Zhāng xiǎng: Wǒ tài

马虎了，要是看看票或者问问小刘就好了。
mǎhu le, yàoshi kànkan piào huòzhě wènwen Xiǎo Liú jiù hǎo le.

弄错 nòngcuò 동 실수하다 | 或者 huòzhě 접 혹은, 그렇지 않으면

| 여행하기 ❶ |

31 那儿的风景美极了！

그곳의 풍경은 정말 아름다워요!

▶31-01

221 中国的名胜古迹多得很。 중국에는 명승고적이 굉장히 많습니다.
Zhōngguó de míngshèng gǔjì duō de hěn.

222 你说吧，我听你的。 말해 보세요. 당신 말을 따를게요.
Nǐ shuō ba, wǒ tīng nǐ de.

223 从北京到桂林坐火车要坐多长时间？
Cóng Běijīng dào Guìlín zuò huǒchē yào zuò duō cháng shíjiān?
베이징에서 구이린까지 기차로 얼마나 걸립니까?

224 七点有电影，现在去来得及来不及？
Qī diǎn yǒu diànyǐng, xiànzài qù lái de jí lái bu jí?
7시에 영화가 있는데, 지금 가면 늦지 않게 갈 수 있을까요?

225 我们看电影去吧。 우리 영화를 보러 갑시다.
Wǒmen kàn diànyǐng qù ba.

226 上海的东西比这儿多得多。
Shànghǎi de dōngxi bǐ zhèr duō de duō.
상하이에는 물건이 여기보다 훨씬 많습니다.

227 我想买些礼物寄回家去。 나는 선물을 좀 사서 집으로 부치고 싶습니다.
Wǒ xiǎng mǎi xiē lǐwù jì huí jiā qù.

228 你不是要去豫园游览吗？ 당신은 위위안으로 놀러 가려는 게 아닙니까?
Nǐ bú shì yào qù Yùyuán yóulǎn ma?

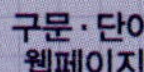

새 단어 ▶31-02

名胜古迹 míngshèng gǔjì 명승고적

来得及 lái de jí 늦지 않다, 제시간에 댈 수 있다

来不及 lái bu jí 늦다, 제시간에 댈 수 없다

游览 yóulǎn 동 유람하다

风景 fēngjǐng 명 풍경, 경치

高铁 gāotiě 명 까오티에(중국의 고속열차)

得 děi 동 걸리다, 소요되다

然后 ránhòu 접 그런 후에, 그다음에

计划 jìhuà 명동 계획, 계획하다

办 bàn 동 하다, 처리하다

城市 chéngshì 명 도시

热闹 rènao 형 번화하다, 떠들썩하다

各 gè 대 각, 여러

非常 fēicháng 부 대단히, 매우

小吃 xiǎochī 명 간단한 먹을거리, 간식

有名 yǒumíng 형 유명하다

顺便 shùnbiàn 부 ~하는 김에

开发 kāifā 동 개발하다

区 qū 명 구, 구역

| 표현 확장 |

博物馆 bówùguǎn 명 박물관

信用卡 xìnyòngkǎ 명 신용카드

动车 dòngchē 명 똥쳐(중국의 고속열차)

水果 shuǐguǒ 명 과일

圆珠笔 yuánzhūbǐ 명 볼펜

| 고유명사 |

桂林 Guìlín 구이린

豫园 Yùyuán 위위안

南京路 Nánjīng Lù 난징루

浦东 Pǔdōng 푸둥

단원 해석 · 모범답안 ▶ 246쪽

회화

1 중국에는 명승고적이 아주 많아요 ▶31-03

大卫 快放假了，你想不想去旅行？
Dàwèi Kuài fàngjià le, nǐ xiǎng bu xiǎng qù lǚxíng?

玛丽 当然想。
Mǎlì Dāngrán xiǎng.

大卫 中国的名胜古迹多得很，去哪儿呢？
Dàwèi Zhōngguó de míngshèng gǔjì duō de hěn, qù nǎr ne?

玛丽 你说吧，我听你的[1]。
Mǎlì Nǐ shuō ba, wǒ tīng nǐ de.

大卫 先去桂林吧，那儿的风景美极了！
Dàwèi Xiān qù Guìlín ba, nàr de fēngjǐng měi jí le!

玛丽 从北京到桂林坐火车要坐多长时间？
Mǎlì Cóng Běijīng dào Guìlín zuò huǒchē yào zuò duō cháng shíjiān?

大卫 坐高铁大概得十多个小时。
Dàwèi Zuò gāotiě dàgài děi shí duō ge xiǎoshí.

我们在桂林玩儿三四天，然后去上海。
Wǒmen zài Guìlín wánr sān sì tiān, ránhòu qù Shànghǎi.

玛丽 这个计划不错，就这么办吧。
Mǎlì Zhège jìhuà búcuò, jiù zhème bàn ba.

七点有电影，现在去来得及来不及？
Qī diǎn yǒu diànyǐng, xiànzài qù lái de jí lái bu jí?

大卫 来得及。
Dàwèi Lái de jí.

玛丽 我们看电影去吧。
Mǎlì Wǒmen kàn diànyǐng qù ba.

大卫 走吧。
Dàwèi Zǒu ba.

2 상하이는 중국에서 가장 큰 도시예요 31-04

和子 上海是中国最大的城市。
Hézǐ Shànghǎi shì Zhōngguó zuì dà de chéngshì.

王兰 对，上海的东西比这儿多得多。
Wáng Lán Duì, Shànghǎi de dōngxi bǐ zhèr duō de duō.

和子 去上海的时候，我想买些礼物寄回家去。
Hézǐ Qù Shànghǎi de shíhou, wǒ xiǎng mǎi xiē lǐwù jì huí jiā qù.

你觉得上海哪儿最热闹？
Nǐ juéde Shànghǎi nǎr zuì rènao?

王兰 南京路。那儿有各种各样的商店，
Wáng Lán Nánjīng Lù. Nàr yǒu gèzhǒng gèyàng de shāngdiàn,

买东西非常方便。
mǎi dōngxi fēicháng fāngbiàn.

和子 听说上海的小吃也很有名。
Hézǐ Tīngshuō Shànghǎi de xiǎochī yě hěn yǒumíng.

王兰 你不是要去豫园游览吗？顺便可以尝尝那儿的小吃。
Wáng Lán Nǐ bú shì yào qù Yùyuán yóulǎn ma? Shùnbiàn kěyǐ chángchang nàr de xiǎochī.

对了❷，你还可以去参观一下儿浦东开发区。
Duì le, nǐ hái kěyǐ qù cānguān yíxiàr Pǔdōng kāifāqū.

표현 따라잡기

❶ **你说吧，我听你的。** 말해 봐. 네 말을 따를게.

이 말은 '당신의 의견을 얘기하세요. 저는 당신의 의견대로 하겠습니다.'라는 의미이다. 상대방의 의견에 무조건 동의할 때 이렇게 말한다.

❷ **对了** 맞아!, 아참!

대화 중 갑자기 해야 할 일이 생각났거나 어떤 일에 대해 보충설명을 하고자 할 때 '对了'라고 말한다.

표현

영상 바로보기

1 응용 표현 31-05

❶ 我们看电影去。

开会 kāihuì
听音乐 tīng yīnyuè
吃小吃 chī xiǎochī
参观博物馆 cānguān bówùguǎn
看京剧 kàn jīngjù
办信用卡 bàn xìnyòngkǎ

❷ 坐火车要坐多长时间?

坐船 zuò chuán — 坐 zuò
坐飞机 zuò fēijī — 坐 zuò
骑车 qíchē — 骑 qí
坐动车 zuò dòngchē — 坐 zuò

❸ 我想买些礼物寄回家去。

菜 cài
药 yào
水果 shuǐguǒ
小吃 xiǎochī
送 sòng
寄 jì
带 dài
拿 ná

2 확장 회화 31-06

A 我的圆珠笔找不到了。
Wǒ de yuánzhūbǐ zhǎo bu dào le.

B 那不是你的圆珠笔吗?
Nà bú shì nǐ de yuánzhūbǐ ma?

A 啊，找到了。
À, zhǎodào le.

1 방향보어(3)

❶ 동사 '上 shàng' '下 xià' '进 jìn' '出 chū' '回 huí' '过 guò' '起 qǐ' '开 kāi'의 뒤에 단순방향보어 '来 lái'나 '去 qù'가 결합하여(起去는 없음), 다른 동사의 뒤에서 보어로 쓰여 동작의 방향을 나타낼 수 있다. 이를 복합방향보어라고 한다.

복합방향보어	上来	下来	进来	出来	回来	过来	起来	开来
	上去	下去	进去	出去	回去	过去		开去

他从教室走出来了。 그는 교실에서 걸어 나왔다.
Tā cóng jiàoshì zǒu chūlai le.

他想买些东西寄回去。 그는 물건을 좀 사서 부쳐 주고 싶어 한다.
Tā xiǎng mǎi xiē dōngxi jì huíqu.

看见老师进来，同学们都站了起来。 선생님이 들어오시는 것을 보고, 학생들은 모두 일어났다.
Kànjiàn lǎoshī jìnlai, tóngxuémen dōu zhàn le qǐlai.

❷ 복합방향보어의 '来 lái'와 '去 qù'가 나타내는 방향과 말하는 사람(혹은 언급되는 사물)과의 관계는 단순방향보어와 같다. 목적어가 장소를 나타내는 명사일 때, 목적어는 반드시 복합방향보어의 사이에 놓인다.

上课了，老师走进教室来了。 수업이 시작되자 선생님께서 교실로 걸어 들어오셨다.
Shàngkè le, lǎoshī zǒu jìn jiàoshì lái le.

那些书都寄回国去了。 그 책들은 모두 본국으로 부쳤다.
Nàxiē shū dōu jì huí guó qù le.

2 '不是……吗？'

'不是 búshì……吗 ma？'로 이루어지는 반어문은 '~가 아닌가요?'라는 뜻으로, 어떤 일에 대해 긍정하면서 동시에 강조하고자 할 때 쓴다.

你不是要去旅行吗？ （你要去旅行。）
Nǐ bú shì yào qù lǚxíng ma? (Nǐ yào qù lǚxíng.)
당신은 여행을 가려는 게 아닌가요? (당신은 여행을 가려고 한다.)

这个房间不是很干净吗？ （这个房间很干净。）
Zhège fángjiān bú shì hěn gānjìng ma? (Zhège fángjiān hěn gānjìng.)
이 방은 매우 깨끗하지 않나요? (이 방은 매우 깨끗하다.)

1 알맞은 동사를 골라 동사—목적어 구조의 문장을 만들어 보세요.

| 보기 | 字 ⓐ写 ⓑ画 → 那个孩子正在写字。

❶ 名胜古迹 ⓐ游览 ⓑ旅行
→ ____________________

❷ 风景 ⓐ参观 ⓑ看
→ ____________________

❸ 信用卡 ⓐ做 ⓑ办
→ ____________________

❹ 能力 ⓐ提高 ⓑ练好
→ ____________________

❺ 电影 ⓐ演 ⓑ开
→ ____________________

❻ 自行车 ⓐ坐 ⓑ骑
→ ____________________

2 그림을 보고 빈칸에 동사와 방향보어를 넣어 문장을 완성하세요.

❶

注意，前边____________一辆汽车。（开）

❷

楼下有人找你，你快____________吧。（下）

❸

下课了，我们的老师________________了。（走）

❹

山上的风景很好，你们快________________吧。（爬）

3 [보기]와 같이 다음 문장을 의문문으로 고쳐 보세요.

| 보기 | 昨天我们跳舞跳了两个小时 → 昨天你们跳舞跳了几个小时?
昨天你们跳舞跳了多长时间?

❶ 我来北京的时候，坐飞机坐了十二个小时。

→ ________________________________

❷ 昨天我爬山爬了三个小时。

→ ________________________________

❸ 今天早上我吃饭吃了一刻钟。

→ ________________________________

❹ 从这儿到北海公园，骑车要骑一个多小时。

→ ________________________________

❺ 昨天我们划船划了两个小时。

→ ________________________________

4 당신이 여행한 명승지 중 한 곳을 소개해 보세요.

화제 | 风景怎么样？有什么有名的东西？你最喜欢什么？游览了多长时间？
(풍경은 어떠한가? 어떤 유명한 것들이 있는가? 무엇이 가장 좋았는가? 얼마 동안 여행하였는가?)

5 듣고 따라 말해 보세요. ▶31-07

我喜欢旅行，旅行可以游览名胜古迹，旅行还是一种学习汉语的好方法。在学校，我习惯听老师说话，换一个人就不习惯了。可是旅行的时候要跟各种各样的人说话，要问路，要参观，要买东西……这是学习汉语的好机会。放假的时候我就去旅行，提高我的听说能力。

方法 fāngfǎ 명 방법 | 机会 jīhuì 명 기회

6 발음을 연습하세요.

❶ 자주 쓰이는 발음 ▶31-08

shuo	shuōhuà (说话) xiǎoshuō (小说) fēngshuò (丰硕)	qu	qǔdé (取得) qùnián (去年) chūqu (出去)

❷ 큰 소리로 읽기 ▶31-09

A Fàngjià yǐhòu nǐ jìhuà zuò shénme?
B Wǒ xiǎng qù lǚxíng.
A Nǐ qù nǎr?
B Qù Dōngběi.
A Xiànzài Dōngběi(东北, 중국의 동북지역) duō lěng a!
B Lěng hǎo a, kěyǐ kàn bīngdēng(冰灯, 빙등).

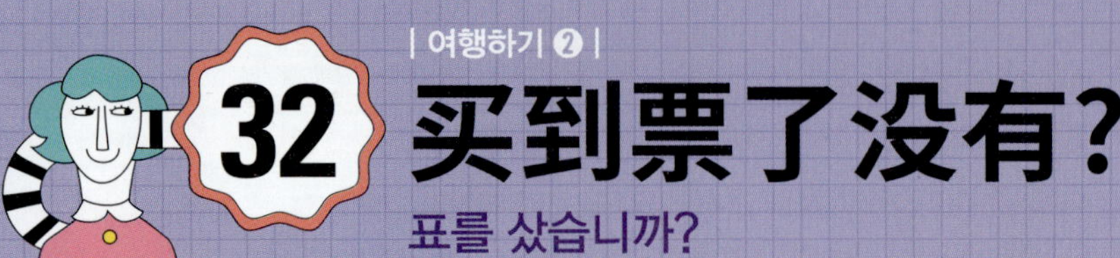

32 买到票了没有?

표를 샀습니까?

▶32-01

229 你看见刘京了吗? 당신은 리우징을 봤습니까?

Nǐ kànjiàn Liú Jīng le ma?

230 你上二楼去找他吧。 2층에 가서 그를 찾아보세요.

Nǐ shàng èr lóu qù zhǎo tā ba.

231 我再查查看。 제가 다시 찾아볼게요.

Wǒ zài chácha kàn.

232 三天以内的机票都没有了。 3일 이내의 비행기 표는 전부 없습니다.

Sān tiān yǐnèi de jīpiào dōu méiyǒu le.

233 您应该早点儿预订飞机票。 비행기 표를 일찍 예약하셔야 합니다.

Nín yīnggāi zǎo diǎnr yùdìng fēijī piào.

234 我有急事，您帮帮忙吧! 급한 일이 있어요. 좀 도와주세요!

Wǒ yǒu jí shì, nín bāngbang máng ba!

235 有一张十五号下午两点多的退票。

Yǒu yì zhāng shíwǔ hào xiàwǔ liǎng diǎn duō de tuì piào.

15일 오후 2시 조금 넘어서 (출발하는) 취소표가 한 장 있습니다.

236 十四点零五分起飞。 14시 5분에 이륙합니다.

Shísì diǎn líng wǔ fēn qǐfēi.

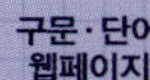

새 단어 ▶32-02

以内 yǐnèi 명 이내

预订 yùdìng 동 예약하다

帮忙 bāngmáng 동 돕다

退 tuì 동 반환하다, 무르다

卖 mài 동 팔다

一等座 yīděngzuò 명 일등석

二等座 èrděngzuò 명 이등석

护照 hùzhào 명 여권

| 표현 확장 |

钱包 qiánbāo 명 지갑

检查 jiǎnchá 동 검사하다, 조사하다

签证 qiānzhèng 명 비자

停车场 tíngchēchǎng 명 주차장

图书馆 túshūguǎn 명 도서관

礼堂 lǐtáng 명 강당

讨论 tǎolùn 동 토론하다

办法 bànfǎ 명 방법

着 zhe 조 동작이나 상태의 지속을 나타내는 동태조사

단원 해석 · 모범답안 ▶ 247쪽

회화

1 리우징 봤어요? 32-03

和子 你看见刘京了吗?
Hézǐ Nǐ kànjiàn Liú Jīng le ma?

玛丽 没看见。你上二楼去找他吧。
Mǎlì Méi kànjiàn. Nǐ shàng èr lóu qù zhǎo tā ba.

2 앱으로 기차표를 사요 32-04

和子 刘京，买到票了没有?
Hézǐ Liú Jīng, mǎidào piào le méiyǒu?

刘京 还没有，我再查查看。
Liú Jīng Hái méiyǒu, wǒ zài chácha kàn.

和子 坐高铁还是动车?
Hézǐ Zuò gāotiě háishi dòngchē?

刘京 坐高铁吧，高铁快。
Liú Jīng Zuò gāotiě ba, gāotiě kuài.

和子 要哪天的?
Hézǐ Yào nǎ tiān de?

刘京　明天的卖完了。有后天的，要不要?
Liú Jīng　Míngtiān de màiwán le. Yǒu hòutiān de, yào bu yào?

和子　要。上午到好，买哪次呢?
Hézǐ　Yào. Shàngwǔ dào hǎo, mǎi nǎ cì ne?

刘京　买G79次吧。上午9点到。要一等座还是二等座?
Liú Jīng　Mǎi G qīshíjiǔ cì ba. Shàngwǔ jiǔ diǎn dào. Yào yīděngzuò háishi èrděngzuò?

和子　二等座吧。
Hézǐ　Èrděngzuò ba.

3 일찍 예약하셔야 해요 ▶32-05

尼娜　到北京的飞机票有吗?
Nínà　Dào Běijīng de fēijī piào yǒu ma?

客服人员　三天以内的都没有了。您应该早点儿预订。
kèfú rényuán　Sān tiān yǐnèi de dōu méiyǒu le. Nín yīnggāi zǎo diǎnr yùdìng.

尼娜　我有急事，您帮帮忙吧!
Nínà　Wǒ yǒu jí shì, nín bāngbang máng ba!

客服人员　您等等，我再查查。
kèfú rényuán　Nín děngdeng, wǒ zài chácha.

真巧，有一张十五号下午两点多的退票。
Zhēn qiǎo, yǒu yì zhāng shíwǔ hào xiàwǔ liǎng diǎn duō de tuì piào.

尼娜 我要了。我的护照号码是X06005786。
Nínà Wǒ yào le. Wǒ de hùzhào hàomǎ shì X líng liù líng líng wǔ qī bā liù.

请问，从这儿到北京要多长时间？
Qǐngwèn, cóng zhèr dào Běijīng yào duō cháng shíjiān?

客服人员 一个多小时。
kèfú rényuán Yí ge duō xiǎoshí.

尼娜 几点起飞？
Nínà Jǐ diǎn qǐfēi?

客服人员 十四点零五分起飞。
kèfú rényuán Shísì diǎn líng wǔ fēn qǐfēi.

표현

1 응용 표현 32-06

❶ 你买到票了没有?

找到 zhǎodào	钱包 qiánbāo
看错 kàncuò	时间 shíjiān
检查完 jiǎncháwán	身体 shēntǐ
办好 bànhǎo	签证 qiānzhèng

❷ 你上二楼去找他吧。

下 xià	楼 lóu
到 dào	停车场 tíngchēchǎng
到 dào	图书馆 túshūguǎn
进 jìn	礼堂 lǐtáng

2 확장 회화 32-07

❶ A 我的汉语书忘在宿舍里了，怎么办?
Wǒ de Hànyǔ shū wàng zài sùshè li le, zěnme bàn?

B 现在马上回宿舍去拿，来得及。
Xiànzài mǎshàng huí sùshè qù ná, lái de jí.

❷ 大家讨论一下儿，哪个办法好。
Dàjiā tǎolùn yíxiàr, nǎ ge bànfǎ hǎo.

❸ 牌子上写着，这儿不能停车。
Páizi shang xiězhe, zhèr bù néng tíngchē.

어법

1 '见'이 결과보어로 쓰일 때

'见 jiàn'은 자주 '看 kàn'이나 '听 tīng' 뒤에서 결과보어로 쓰인다. '看见 kànjiàn'은 '看到 kàndào'의 의미이고, '听见 tīngjiàn'은 '听到 tīngdào'의 의미를 나타낸다.

A 你看见刘京了吗? 당신은 리우징을 봤습니까?
Nǐ kànjiàn Liú Jīng ma?

B 没看见。 못 봤습니다.
Méi kànjiàn.

2 동작의 지속

❶ 동태조사 '着 zhe'가 동사 뒤에 놓이면 동작이나 상태의 지속을 나타낸다. 부정형은 '没(有) méi (yǒu)……着 zhe'이다.

窗户开着，门没开着。 창문은 열려 있고, 문은 열려 있지 않다.
Chuānghu kāizhe, mén méi kāizhe.

衣柜里挂着很多衣服。 옷장 안에 많은 옷이 걸려 있다.
Yīguì li guàzhe hěn duō yīfu.

书上边没写着你的名字。 책에 당신의 이름이 쓰여 있지 않아요.
Shū shàngbian méi xiězhe nǐ de míngzi.

他没拿着东西。 그는 물건을 들고 있지 않다.
Tā méi názhe dōngxi.

❷ 정반의문문은 '……着 zhe ……没有 méiyǒu' 형식으로 나타낸다.

门开着没有? 문이 열려 있나요?
Mén kāizhe méiyǒu?

你带着护照没有? 당신은 여권을 가지고 있나요?
Nǐ dàizhe hùzhào méiyǒu?

1 제시된 상황에 근거하여 방향보어와 주어진 어휘를 사용해 문장을 만들어 보세요.

| 보기 | 进 候机室 (화자가 밖에 있는 경우) → 刚才他进候机室(hòujīshì, 대합실)去了。

❶ 上 山 (화자가 산 아래 있는 경우) → ______________

❷ 进 教室 (화자가 교실에 있는 경우) → ______________

❸ 进 公园 (화자가 공원 밖에 있는 경우) → ______________

❹ 下 楼 (화자가 아래층에 있는 경우) → ______________

❺ 回 家 (화자가 바깥에 있는 경우) → ______________

2 동사와 동태조사 '着'를 사용해 빈칸을 채우세요.

❶ 衣服在衣柜里______________呢。

❷ 你找钱包？不是在你手里______________吗？

❸ 我的自行车钥匙在桌子上______________，你去拿吧。

❹ 九号楼前边______________很多自行车。

❺ 我的书上______________我的名字呢，能找到。

❻ 参观的时候你______________他去，他不认识那儿。

3 그림을 보고 동태조사 '着'를 사용해 방 안의 모습을 묘사해 보세요.

4 다음 기차 시간표를 보고 표를 구입해 보세요.

열차 번호/유형	출발역/도착역	출발 시간/도착 시간	운행 시간
G671 高速	始 北京西 终 西安北	07:49 13:41	5小时52分
G307 高速	始 北京西 终 西安北	09:38 15:16	5小时38分
T41 特快	始 北京西 终 西安	14:22 05:21^{+1}	14小时59分
G663 高铁	始 北京西 终 西安北	15:45 21:04	5小时19分
T7 特快	始 北京西 终 西安	16:43 06:11^{+1}	13小时28分
T231 特快	始 北京西 终 西安	18:35 07:36^{+1}	13小时01分
G59 高速	始 北京西 终 西安北	18:55 23:20	4小时25分
Z43 直特	始 北京西 终 西安	20:09 09:55^{+1}	13小时46分
Z19 直特	始 北京西 终 西安	20:35 08:29^{+1}	11小时54分

(查询时间：2021年10月14日14 : 38)

❶ 买两张三天后早上从北京西站出发(chūfā, 출발하다)、下午两点前到西安北站的高铁车票。(3일 후 오전 베이징서역에서 출발해서 오후 2시 전에 시안북역에 도착하는 까오티에 표 2장 사기)

❷ 买三张五天后下午从北京西站出西站发、晚上到西安北站的火车票。
(5일 후 오후 베이징서역을 출발해서 저녁 시안북역에 도착하는 기차표 3장 사기)

5 '从……到……'를 사용해 질문에 대답해 보세요.

❶ 每星期你什么时候上课?

❷ 你每天从几点到几点上课?

❸ 从你们国家到北京远不远?

6 상황에 맞게 대화를 완성하세요.

A 我要预订一张火车票。

B ______________________。您去哪儿?

A ______________________。

B ______________________________?

A 四月十号上午的高铁。

B ______________________________?

A 一等座。

7 듣고 따라 말해 보세요. 32-08

张三和李四去火车站。进去以后，离开车只有五分钟了。他们赶紧快跑。张三跑得快，先上了火车。他看见李四还在车外边，急了，就要下车。服务员说："先生，不能下车，车就要开了，来不及了。"张三说："不行，要走的是他，我是来送他的。"

只 zhǐ 부 단지 | 赶紧 gǎnjǐn 부 서둘러, 빨리

8 발음을 연습하세요.

❶ 자주 쓰이는 발음 32-09

chu	chulai (出来) chúfáng (厨房) dàochù (到处)
er	érzi (儿子) ěrduo (耳朵) èr yuè (二月)

❷ 큰 소리로 읽기 32-10

A Huǒchē shang yǒudiǎnr rè.
B Kāi chē yǐhòu jiù liángkuai le.

A Zhèxiē dōngxi fàng zài nǎr?
B Fàng zài shàngbian de xínglijià shang.

A Zhēn gāo a!
B Wǒ bāng nǐ fàng.

A Máfan nǐ le.
B Bú kèqi.

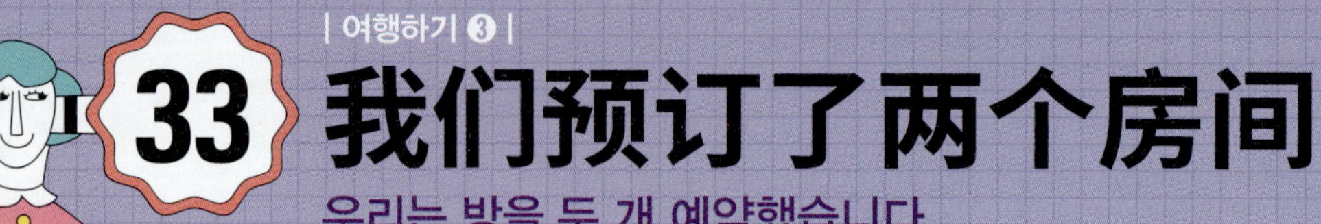

33 我们预订了两个房间

우리는 방을 두 개 예약했습니다

33-01

237 终于到桂林了。 마침내 구이린에 도착했습니다.
Zhōngyú dào Guìlín le.

238 哎呀，热死了！ 아이고, 더워 죽겠어요!
Āiyā, rèsǐ le!

239 一定要痛痛快快地洗个澡。 시원하게 샤워를 해야겠습니다.
Yídìng yào tòngtòngkuàikuài de xǐ ge zǎo.

240 只要能让我早一点儿洗澡就行。
Zhǐyào néng ràng wǒ zǎo yìdiǎnr xǐzǎo jiù xíng.
내가 빨리 샤워할 수만 있으면 됩니다.

241 我们在网上预订了两个房间。
Wǒmen zài wǎng shang yùdìng le liǎng ge fángjiān.
우리는 온라인에서 방을 두 개 예약했습니다.

242 请输入密码，请在这里签名。
Qǐng shūrù mìmǎ, Qǐng zài zhèli qiānmíng.
비밀번호를 눌러 주세요. 여기에 사인해 주세요.

243 那个包你放进衣柜里去吧。 저 가방을 옷장 안에 넣으세요.
Nàge bāo nǐ fàng jìn yīguì li qù ba.

244 那个包很大，放得进去放不进去?
Nàge bāo hěn dà, fàng de jìnqu fàng bu jìnqu?
저 가방은 매우 큰데, 넣을 수 있습니까?

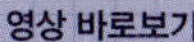

구문·단어 웹페이지

새 단어 ▶33-02

终于 zhōngyú 부 마침내, 결국

死 sǐ 동 형 죽다, ~해 죽겠다

痛快 tòngkuài 형 통쾌하다, 시원시원하다

地 de 조 부사어와 중심어를 연결하는 구조조사

洗澡 xǐzǎo 동 목욕하다

只要……就…… zhǐyào……jiù…… ~하기만 하면 곧 ~

输入 shūrù 동 입력하다

密码 mìmǎ 명 비밀번호, 패스워드

签名 qiānmíng 동 사인하다, 서명하다

包 bāo 명 가방

酒店 jiǔdiàn 명 호텔

填表 tián biǎo 표에 기입하다, 표를 작성하다

房卡 fángkǎ 명 객실 열쇠, 카드 키

饿 è 형 배고프다

衬衫 chènshān 명 셔츠, 블라우스

椅子 yǐzi 명 의자

| 표현 확장 |

渴 kě 형 목마르다

饱 bǎo 형 배부르다

裙子 qúnzi 명 치마

箱子 xiāngzi 명 상자, 트렁크

裤子 kùzi 명 바지

餐厅 cāntīng 명 식당

단원 해석·모범답안 ▶ 248쪽

1 마침내 구이린에 도착했어요 33-03

(在火车站)

大卫 终于到桂林了。
Dàwèi Zhōngyú dào Guìlín le.

尼娜 哎呀，热死了❶！
Nínà Āiyā, rèsǐ le!

玛丽 到了酒店，一定要痛痛快快地洗个澡。
Mǎlì Dào le jiǔdiàn, yídìng yào tòngtòngkuàikuài de xǐ ge zǎo.

大卫 我们预订的酒店不远，怎么去好呢？
Dàwèi Wǒmen yùdìng de jiǔdiàn bù yuǎn, zěnme qù hǎo ne?

玛丽 只要能让我早一点儿洗澡就行。
Mǎlì Zhǐyào néng ràng wǒ zǎo yìdiǎnr xǐzǎo jiù xíng.

尼娜 前边就有出租车，我们打车去吧。
Nínà Qiánbian jiù yǒu chūzūchē, wǒmen dǎ chē qù ba.

표현 따라잡기

❶ **热死了！** 더워 죽겠어!

'死'는 보어로 쓰여 정도가 강함을 나타내는데, '최고조에 이르다'라는 의미이다.

2 여기에 사인해 주세요 ▶33-04

(在酒店大厅)

服务员 您好！
Fúwùyuán Nín hǎo!

大卫 你好！ 我们在网上预订了两个房间。
Dàwèi Nǐ hǎo! Wǒmen zài wǎng shang yùdìng le liǎng ge fángjiān.

服务员 我看看你们的护照。你们要住三天， 是吗？
Fúwùyuán Wǒ kànkan nǐmen de hùzhào. Nǐmen yào zhù sān tiān, shì ma?

大卫 是的。
Dàwèi Shì de.

服务员 好， 请你们填一下儿表。
Fúwùyuán Hǎo, qǐng nǐmen tián yíxiàr biǎo.

大卫 (填完表)给你。这是我的信用卡。
Dàwèi (tiánwán biǎo) Gěi nǐ. Zhè shì wǒ de xìnyòngkǎ.

服务员 请输入密码， 请在这里签名。
Fúwùyuán Qǐng shūrù mìmǎ, Qǐng zài zhèli qiānmíng.

这是你们的房卡。房间在五楼。电梯在那边。
Zhè shì nǐmen de fángkǎ. Fángjiān zài wǔ lóu. Diàntī zài nà biān.

大卫 谢谢！
Dàwèi Xièxie!

3 방이 아주 좋네요 ▶33-05

(在房间里)

玛丽 这个房间不错，窗户很大。
Mǎlì Zhège fángjiān búcuò, chuānghu hěn dà.

尼娜 我想洗澡。
Nínà Wǒ xiǎng xǐzǎo.

玛丽 先吃点儿东西吧。
Mǎlì Xiān chī diǎnr dōngxi ba.

尼娜 我不饿，刚才吃了一块蛋糕。
Nínà Wǒ bú è, gāngcái chī le yí kuài dàngāo.

玛丽 那个包你放进衣柜里去吧。
Mǎlì Nàge bāo nǐ fàng jìn yīguì li qù ba.

尼娜 包很大，放得进去放不进去?
Nínà Bāo hěn dà, fàng de jìnqu fàng bu jìnqu?

玛丽 你试试。
Mǎlì Nǐ shìshi.

尼娜 放得进去。我的红衬衫怎么不见了?
Nínà Fàng de jìnqu. Wǒ de hóng chènshān zěnme bú jiàn le?

玛丽 不是放在椅子上吗?
Mǎlì Bú shì fàng zài yǐzi shang ma?

尼娜 啊，刚放的就忘了。
Nínà À, gāng fàng de jiù wàng le.

표현

1 응용 표현 33-06

❶ 热死了！

麻烦 máfan　忙 máng　饿 è
渴 kě　高兴 gāoxìng　难 nán

❷ 到了酒店，一定要痛痛快快地洗个澡。

考完试 kǎowán shì　好 hǎo　睡一觉 shuì yí jiào
刚吃饱 gāng chībǎo　慢 màn　走回去 zǒu huíqu
放了假 fàng le jià　快乐 kuàilè　去旅行 qù lǚxíng
回到家 huídào jiā　热闹 rènao　喝一次酒 hē yí cì jiǔ

❸ 那个包你放进衣柜里去吧。

条 tiáo　裙子 qúnzi　箱子 xiāngzi
条 tiáo　裤子 kùzi　包 bāo
件 jiàn　毛衣 máoyī　衣柜 yīguì
瓶 píng　啤酒 píjiǔ　冰箱 bīngxiāng

2 확장 회화 33-07

❶ 餐厅在大门的旁边。
Cāntīng zài dàmén de pángbiān.

❷ A 你洗个澡吧。
Nǐ xǐ ge zǎo ba.

B 不，我快饿死了，先吃点儿东西再说。
Bù, wǒ kuài èsǐ le, xiān chī diǎnr dōngxi zàishuō.

어법

1 형용사의 중첩과 구조조사 '地'

❶ 일부 형용사는 중첩할 수 있는데, 중첩을 하면 성질이나 정도가 심화됨을 나타낸다. 단음절 형용사를 중첩하면 두 번째 음절은 제1성으로 바뀌며 '儿 er'화 되기도 한다. 예를 들면 '好好儿 hǎohāor' '慢慢儿 mànmānr' 등과 같다. 이음절 형용사의 중첩형식은 'AABB'이다. 예를 들면 '高高兴兴 gāogaoxìngxìng' '干干净净 gānganjìngjìng' 등과 같다.

❷ 단음절 형용사를 중첩하여 부사어로 쓰일 때는 '地'를 써도 되고 쓰지 않아도 되지만, 이음절 형용사를 중첩했을 경우에는 일반적으로 '地'를 써야 한다.

你们慢慢(地)走啊！ 좀 천천히 가세요!
Nǐmen mànmān (de) zǒu a!

他高高兴兴地说：“我收到了朋友的礼物。”
Tā gāogaoxìngxìng de shuō: “Wǒ shōudào le péngyou de lǐwù.”
그는 매우 기뻐하며 말했다. "친구가 보낸 선물을 받았어."

玛丽舒舒服服地躺在床上睡了。 메리는 편안하게 침대에 누워서 잤다.
Mǎlì shūshufúfú de tǎng zài chuáng shang shuì le.

2 가능보어(2)

❶ 동사와 방향보어 사이에 '得 de / 不 bu'를 넣어 가능보어를 만들 수 있다.

他们去公园了，十二点以前回得来。 그들은 공원에 갔는데, 12시 전에 돌아올 수 있을 거예요.
Tāmen qù gōngyuán le, shí'èr diǎn yǐqián huí de lái.

山很高，我爬不上去。 산이 너무 높아서 나는 올라갈 수 없어요.
Shān hěn gāo, wǒ pá bu shàngqu.

❷ 가능보어의 긍정형과 부정형을 함께 나열하여 정반의문문을 만들 수 있다.

你们十二点以前回得来回不来? 너희들 12시 전에 돌아올 수 있니?
Nǐmen shí'èr diǎn yǐqián huí de lái huí bu lái?

你们听得懂听不懂中国人说话? 여러분은 중국인이 하는 말을 알아들을 수 있습니까?
Nǐmen tīng de dǒng tīng bu dǒng Zhōngguórén shuōhuà?

1 알맞은 양사를 넣어 빈칸을 채우세요.

一______衬衫　　两______裤子　　一______裙子

五______桌子　　一______马路　　一______衣柜

四______小说　　两______票　　一______自行车

三______圆珠笔　　一______小狗　　三______客人

2 [보기]와 같이 주어진 문장을 정반의문문으로 고쳐 보세요.

| 보기 | 今天晚上六点你回得来吗? ➜ 今天晚上六点你回得来回不来?

❶ 那个门很小，汽车开得进去吗?

→ ______________________________

❷ 这个包里再放两件衣服，放得进去吗?

→ ______________________________

❸ 这么多药水你喝得下去吗?

→ ______________________________

❹ 箱子放在衣柜上边，你拿得下来吗?

→ ______________________________

3 [보기]와 같이 '只要……就……'를 사용해 질문에 대답해 보세요.

| 보기 | A 明天你去公园吗?

B 只要天气好，我就去。

❶ A 中国人说话，你听得懂吗?

B ______________________________。

❷ A 你去旅行吗?

B ______________________________。

❸ A 明天你去看话剧吗?

B ______________________________。

❹ A 你想买什么样的衬衫?

B ______________________________。

4 상황에 맞게 대화를 완성하세요.

A 请问，一个房间____________________?

B 一天六百五十八。

A ____________________?

B 有两张床。

A ____________________?

B 很方便，一天二十四小时都有热水。

A 房间里能上网吗?

B ____________________。

A 好，我要一个房间。

5 다음 상황에 근거해 대화를 나누세요.

상황 | 在酒店看房间，服务员说这个房间很好，你觉得太贵了，想换一个。
(호텔에서 묵을 방을 보고 있다. 직원이 추천한 방은 가격이 너무 비싸서 다른 방으로 바꾸고 싶다.)

화제 | 房间大小，有什么东西，能不能洗澡，是不是干净，一天多少钱，住几个人。
(방의 크기, 어떤 물건이 있는지, 샤워를 할 수 있는지, 깨끗한지, 하루 숙박료는 얼마인지, 몇 명이 묵을 수 있는지 등을 묻고 답한다.)

6 듣고 따라 말해 보세요. ▶33-08

这个酒店不错。房间不太大，可是很干净。二十四小时都能洗热水澡，很方便。房间里可以上网。酒店的楼上有咖啡厅和歌厅。客人们白天在外边参观游览了一天，晚上喝杯咖啡，唱唱歌，可以好好儿地休息休息。

歌厅 gētīng 명 노래방 | 白天 báitiān 명 낮, 대낮

7 발음을 연습하세요.

❶ 자주 쓰이는 발음 ▶33-09

xing	xīngqī (星期) zìxíngchē (自行车) xìngmíng (姓名)
hui	huīfù (恢复) huí jiā (回家) huì Hànyǔ (会汉语)

❷ 큰 소리로 읽기 ▶33-10

A Nǐ hǎo! Wǒ yùdìng le yí ge fángjiān.
B Nín guìxìng?
A Wǒ xìng Wáng, Wáng Lán.
B Duìbuqǐ, nín lái de tài zǎo le, fúwùyuán hái méiyǒu shōushi fángjiān ne.
A Méi guānxi, wǒ děng yíhuìr. Jǐ diǎn kěyǐ zhù?
B Bā diǎn.

| 진찰 받기 |

34 我头疼

나는 머리가 아픕니다

34-01

245 你怎么了？ 어떻게 된 거예요? (왜 그러세요?)
Nǐ zěnme le?

246 我头疼，咳嗽。 머리가 아프고 기침이 납니다.
Wǒ tóu téng, késou.

247 我昨天晚上就开始不舒服了。
Wǒ zuótiān wǎnshang jiù kāishǐ bù shūfu le.
나는 어제저녁부터 몸이 좋지 않았습니다.

248 你把嘴张开，我看看。 입을 벌려 보세요, 좀 볼게요.
Nǐ bǎ zuǐ zhāngkāi, wǒ kànkan.

249 吃两天药就会好的。 약을 이삼일 먹으면 좋아질 겁니다.
Chī liǎng tiān yào jiù huì hǎo de.

250 王兰呢？ 왕란은요?
Wáng Lán ne?

251 我一下课就找她。 나는 수업이 끝나자마자 그녀를 찾았습니다.
Wǒ yí xiàkè jiù zhǎo tā.

252 我找了她两次，她都不在。
Wǒ zhǎo le tā liǎng cì, tā dōu bú zài.
나는 그녀를 두 번이나 찾았지만 그녀는 없었습니다.

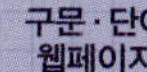

새 단어 ▶34-02

开始 kāishǐ 동 시작하다

把 bǎ 개 ~을/를

嘴 zuǐ 명 입

张 zhāng 동 열다

一……就…… yī……jiù……
~하자마자 ~하다

嗓子 sǎngzi 명 목소리, 목구멍

量 liáng 동 재다, 측정하다

体温 tǐwēn 명 체온

发烧 fāshāo 동 열이 나다

打针 dǎzhēn 동 주사를 놓다, 주사를 맞다

住院 zhùyuàn 동 입원하다

受 shòu 동 받다, 당하다

伤 shāng 명동 상처, 상하다, 다치다

情况 qíngkuàng 명 상황

重 zhòng 형 심하다, 심각하다

| 표현 확장 |

文件 wénjiàn 명 문서, 서류

锁 suǒ 동명 잠그다, 자물쇠

灯 dēng 명 등

锻炼 duànliàn 동 단련하다

手术 shǒushù 명 수술

出院 chūyuàn 동 퇴원하다

| 고유명사 |

人民医院 Rénmín Yīyuàn 런민병원

단원 해석·모범답안 ▶ 250쪽

회화

1 머리가 아프고 기침이 나요 ▶34-03

大夫 你怎么了?
Dàifu Nǐ zěnme le?

玛丽 我头疼，咳嗽。
Mǎlì Wǒ tóu téng, késou.

大夫 几天了?
Dàifu Jǐ tiān le?

玛丽 昨天上午还好好儿的，晚上就开始不舒服了。
Mǎlì Zuótiān shàngwǔ hái hǎohāor de, wǎnshang jiù kāishǐ bù shūfu le.

大夫 你吃药了吗?
Dàifu Nǐ chī yào le ma?

玛丽 吃了一次。
Mǎlì Chī le yí cì.

大夫 你把嘴张开，我看看。嗓子有点儿红。
Dàifu Nǐ bǎ zuǐ zhāngkāi, wǒ kànkan. Sǎngzi yǒudiǎnr hóng.

玛丽 有问题吗?
Mǎlì Yǒu wèntí ma?

大夫 没什么。你量一下儿体温吧。
Dàifu Méi shénme. Nǐ liáng yíxiàr tǐwēn ba.

玛丽 发烧吗?
Mǎlì Fāshāo ma?

大夫 三十七度六，你感冒了。
Dàifu Sānshíqī dù liù, nǐ gǎnmào le.

玛丽　要打针吗？
Mǎlì　Yào dǎzhēn ma?

大夫　不用，吃两天药就会好的。
Dàifu　Búyòng, chī liǎng tiān yào jiù huì hǎo de.

2 그녀는 입원했어요 34-04

和子　王兰呢❶？我一下课就找她，找了她两次，她都不在。
Hézǐ　Wáng Lán ne? Wǒ yí xiàkè jiù zhǎo tā, zhǎo le tā liǎng cì, tā dōu bú zài.

刘京　她住院了。
Liú Jīng　Tā zhùyuàn le.

和子　病了吗？
Hézǐ　Bìng le ma?

刘京　不是，她受伤了。
Liú Jīng　Bú shì, tā shòushāng le.

和子　住哪个医院？
Hézǐ　Zhù nǎ ge yīyuàn?

刘京　可能是人民医院。
Liú Jīng　Kěnéng shì Rénmín Yīyuàn.

和子　现在情况怎么样？伤得重吗？
Hézǐ　Xiànzài qíngkuàng zěnmeyàng? Shāng de zhòng ma?

刘京　还不清楚，检查了才能知道。
Liú Jīng　Hái bù qīngchu, jiǎnchá le cái néng zhīdao.

표현 따라잡기

❶ **王兰呢?** 왕란은요?

'명사/대명사+呢'는 어떤 사람이나 사물이 어디에 있는지를 묻는 표현이다. 따라서 '王兰呢？'는 '王兰在哪儿？'의 의미이다.

표현

1 응용 표현 ▶34-05

❶ 请把嘴张开。

窗户 chuānghu
照片 zhàopiàn
冰箱 bīngxiāng
文件 wénjiàn
门 mén

开开 kāikai
发过去 fā guòqu
打开 dǎkāi
放好 fànghǎo
锁好 suǒhǎo

❷ 我找了她两次，她都不在。

问 wèn
请 qǐng
给 gěi
约 yuē

说 shuō
来 lái
要 yào
去 qù

❸ 我一下课就找她。

到家 dào jiā
放假 fàngjià
关灯 guān dēng
起床 qǐchuáng

吃饭 chī fàn
去旅行 qù lǚxíng
睡觉 shuìjiào
去锻炼 qù duànliàn

2 확장 회화 ▶34-06

❶ 他发了两天烧，吃药以后，今天好多了。
Tā fā le liǎng tiān shāo, chī yào yǐhòu, jīntiān hǎo duō le.

❷ 他眼睛做了手术，下星期可以出院了。
Tā yǎnjing zuò le shǒushù, xiàxīngqī kěyǐ chūyuàn le.

어법

1 '把'자문(1)

❶ 把 bǎ'자문은 주로 동작이 어떤 사물을 어떻게 처리하는지, 그리고 그 결과가 어떠한지를 강조하여 설명하는 데 쓰인다. '把'자문에서 개사 '把'와 그 목적어(처리되는 사물)는 반드시 주어의 뒤, 동사의 앞에 놓여 부사어의 역할을 한다.

주어 [동작의 대상] + 把 + 목적어 [동작의 주체] + 동사 [타동행위] + 부가성분

你把门开开。 문을 여세요.
Nǐ bǎ mén kāikai.

我把文件寄出去了。 나는 문서를 부쳤다.
Wǒ bǎ wénjiàn jì chūqu le.

小王把那本书带来了。 샤오왕이 그 책을 가지고 왔다.
Xiǎo Wáng bǎ nà běn shū dàilai le.

请把那儿的情况给我们介绍介绍。 그곳의 상황을 우리에게 소개해 주세요.
Qǐng bǎ nàr de qíngkuàng gěi wǒmen jièshào jièshào.

❷ '把 bǎ'자문에는 다음과 같은 특징이 있다.

a. '把'자문의 목적어는 말하는 사람이나 듣는 사람이 모두 알고 있는 특정한 사물이나 사람이어야 한다. 따라서 '把一杯茶喝了'라고는 할 수 없으며 '把那杯茶喝了'라고 해야 한다.

b. '把'자문에 사용된 주요 동사는 반드시 타동사여야 하며 처리나 지배의 의미를 가져야 한다. 처리의 의미가 없는 '有 yǒu' '是 shì' '在 zài' '来 lái' '回 huí' '喜欢 xǐhuan' '知道 zhīdao' 등의 동사는 '把'자문에 쓰일 수 없다.

c. '把'자문의 동사 뒤에는 반드시 부가성분이 있어야 한다. 예를 들어 '我把门开'라고는 말할 수 없으며, 반드시 '我把门开开'와 같이 말해야 한다.

2 '一……就……'

❶ 때로는 두 사건이 연이어 발생했음을 나타낸다.

他一下车就看见玛丽了。
Tā yí xiàchē jiù kànjiàn Mǎlì le.
그는 차에서 내리자마자 메리를 보았다.

他们一放假就都去旅行了。
Tāmen yí fàngjià jiù dōu qù lǚxíng le.
그들은 방학을 하자마자 여행을 갔다.

❷ 때로는 앞 절이 조건을 나타내고, 뒤 절이 결과를 나타낸다.

他一累就头疼。
Tā yí lèi jiù tóuténg.
그는 피곤하면 머리가 아프다.

一下雪，路就很滑。
Yí xià xuě, lù jiù hěn huá.
눈이 내리면 길이 미끄럽다.

1 알맞은 결과보어를 넣어 빈칸을 채우세요.

关______窗户　　张______嘴　　锁______门

开______灯　　吃______饭　　修______自行车

洗______衣服　　接______一个电话

2 [보기]와 같이 주어진 문장을 '把'자문으로 고쳐 보세요.

| 보기 | 他画好了一张画儿。 ➜ 他把那张画儿画好了。

❶ 他打开了桌上的电脑。 → ______________________

❷ 我弄丢了小王的笔。 → ______________________

❸ 我们布置好了那个房间。 → ______________________

❹ 我摔坏了刘京的手机。 → ______________________

3 상황에 맞게 대화를 완성하세요.

A ______________________?

B 我刚一病就住院了。

A ______________________?

B 现在还在检查，检查完了才能知道。

A 要我帮你做什么吗?

B 你下次来，______________________。（把 / 书）

A 好。

4 다음 상황에 근거해 대화를 나누세요.

상황 | 大夫和看病的人对话。
(의사와 환자가 대화한다.)

화제 | 看病的人告诉大夫，他打球的时候，手受伤了，所以来医院看病。
(환자는 의사에게 자신이 공놀이를 하다가 손을 다쳐서 병원에 진찰 받으러 왔다고 말한다.)

5 듣고 따라 말해 보세요. ▶34-07

今天小王一起床就头疼，不想吃东西。他没去上课，去医院看病了。大夫给他检查了身体，问了他这两天的生活情况。

他不发烧，嗓子也不红，不是感冒。昨天晚上他玩儿电脑，睡得很晚，睡得也不好。头疼是因为睡得太少了。大夫没给他开药，告诉他回去好好儿睡一觉就会好的。

因为 yīnwèi 개 ~때문에

6 발음을 연습하세요.

❶ 자주 쓰이는 발음 ▶34-08

zheng	zhēngqǔ (争取) zhěngqí (整齐) zhèngzài (正在)	xi	xībian (西边) xǐzǎo (洗澡) xìxīn (细心)

❷ 큰 소리로 읽기 ▶34-09

A Dàifu, wǒ dùzi téng.
B Shénme shíhou kāishǐ de?
A Jīntiān zǎoshang.
B Zuótiān nǐ chī shénme dōngxi le? Chī tài liáng de dōngxi le ma?
A Hē le hěn duō bīng shuǐ.
B Kěnéng shì yīnwèi hē de tài duō le, chī diǎnr yào ba.

| 문병하기 |

35 你好点儿了吗?

좀 좋아졌습니까?

35-01

253 王兰被车撞伤了。 왕란이 차에 부딪쳐 다쳤습니다.
Wáng Lán bèi chē zhuàngshāng le.

254 带些水果什么的吧。 과일 같은 것을 좀 가지고 갑시다.
Dài xiē shuǐguǒ shénmede ba.

255 医院前边修路，汽车到不了医院门口。
Yīyuàn qiánbian xiū lù, qìchē dào bu liǎo yīyuàn ménkǒu.
병원 앞에서 도로 공사를 해서 차가 병원 입구까지 갈 수 없습니다.

256 从那儿走着去很近。 그곳에서 걸어가면 가깝습니다.
Cóng nàr zǒuzhe qù hěn jìn.

257 你好点儿了吗? 좀 좋아졌습니까?
Nǐ hǎo diǎnr le ma?

258 看样子，你好多了。 보아하니, 많이 좋아진 것 같군요.
Kàn yàngzi, nǐ hǎo duō le.

259 我觉得一天比一天好。 나날이 좋아지는 것 같습니다.
Wǒ juéde yì tiān bǐ yì tiān hǎo.

260 我们给你带来一些吃的。 우리가 당신이 먹을 것을 좀 가져 왔습니다.
Wǒmen gěi nǐ dàilai yìxiē chī de.

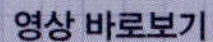

새 단어 ▷35-02

被 bèi 개 (~에게) ~당하다

撞 zhuàng 동 부딪치다

什么的 shénmede 조 ~등, ~같은 것

看样子 kàn yàngzi 보아하니 ~인 것 같다

最近 zuìjìn 명 최근

保证 bǎozhèng 동 보증하다

眼镜 yǎnjìng 명 안경

着急 zháojí 형 조급해하다, 초조해하다

周末 zhōumò 명 주말

聚会 jùhuì 명동 모임, 모이다

准时 zhǔnshí 형 정각에, 제때에

| 표현 확장 |

树 shù 명 나무

倒 dǎo 동 넘어지다, 엎어지다

被子 bēizi 명 컵

病人 bìngrén 명 환자

杂志 zázhì 명 잡지

糖 táng 명 사탕

方便面 fāngbiànmiàn 명 라면

面包 miànbāo 명 빵

黑 hēi 형 검다, 까맣다

戴 dài 동 착용하다, 쓰다

墨镜 mòjìng 명 색안경 , 선글라스

회화

1 어느 병원이에요? 35-03

玛丽 听说王兰被车撞伤了，是吗?
Mǎlì Tīngshuō Wáng Lán bèi chē zhuàngshāng le, shì ma?

刘京 是的，她住院了。
Liú Jīng Shì de, tā zhùyuàn le.

大卫 哪个医院?
Dàwèi Nǎ ge yīyuàn?

刘京 人民医院。
Liú Jīng Rénmín Yīyuàn.

大卫 今天下午我们去看看她吧。
Dàwèi Jīntiān xiàwǔ wǒmen qù kànkan tā ba.

玛丽 好的。我们带点儿什么去?
Mǎlì Hǎo de. Wǒmen dài diǎnr shénme qù?

大卫 带些水果什么的❶吧。
Dàwèi Dài xiē shuǐguǒ shénmede ba.

玛丽 好，我们现在就去买。
Mǎlì Hǎo, wǒmen xiànzài jiù qù mǎi.

刘京 对了，最近人民医院前边修路，
Liú Jīng Duì le, zuìjìn Rénmín Yīyuàn qiánbian xiū lù,

汽车到不了医院门口。
qìchē dào bu liǎo yīyuàn ménkǒu.

玛丽　那怎么办？
Mǎlì　Nà zěnme bàn?

大卫　我们在前一站下车，从那儿走着去很近。
Dàwèi　Wǒmen zài qián yí zhàn xià chē, cóng nàr zǒuzhe qù hěn jìn.

2 나날이 좋아지는 것 같아요 35-04

玛丽　王兰，你好点儿了吗？
Mǎlì　Wáng Lán, nǐ hǎo diǎnr le ma?

刘京　看样子，你好多了。
Liú Jīng　Kàn yàngzi, nǐ hǎo duō le.

王兰　我觉得一天比一天好❷。
Wáng Lán　Wǒ juéde yì tiān bǐ yì tiān hǎo.

大卫　我们给你带来一些吃的，保证你喜欢。
Dàwèi　Wǒmen gěi nǐ dàilai yìxiē chī de, bǎozhèng nǐ xǐhuan.

王兰　谢谢你们。
Wáng Lán　Xièxie nǐmen.

玛丽　你在这儿过得怎么样？
Mǎlì　Nǐ zài zhèr guò de zěnmeyàng?

王兰　眼镜摔坏了，看不了书。
Wáng Lán　Yǎnjìng shuāihuài le, kàn bu liǎo shū.

刘京　别着急，我拿去找人修。
Liú Jīng　Bié zháojí, wǒ ná qù zhǎo rén xiū.

大卫 你好好儿休息，下次我们再来看你。
Dàwèi Nǐ hǎohāor xiūxi, xià cì wǒmen zài lái kàn nǐ.

王兰 不用了，大夫说我下星期就能出院。
Wáng Lán Búyòng le, dàifu shuō wǒ xiàxīngqī jiù néng chūyuàn.

大卫 真的？下个周末有聚会，我们等你来参加。
Dàwèi Zhēn de? Xià ge zhōumò yǒu jùhuì, wǒmen děng nǐ lái cānjiā.

王兰 好，我一定准时到。
Wáng Lán Hǎo, wǒ yídìng zhǔnshí dào.

표현 따라잡기

1 什么的 ~등, ~같은 것

문장의 한 성분이나 병렬된 성분 뒤에 쓰여, '~등' '~따위'의 뜻을 나타낸다. 사람이나 장소에는 쓰지 않는다.

예 喝点儿咖啡、雪碧什么的。커피, 스프라이트 같은 것을 좀 마시다.
洗洗衣服、做做饭什么的。옷을 빨고, 밥을 하는 등등.

2 我觉得一天比一天好。 나날이 좋아지는 것 같습니다.

'一天比一天(나날이, 날마다)'은 부사어로 쓰여 시간이 지남에 따라 사물이 변화하는 정도가 증가하거나 감소함을 나타낸다. '一年比一年(해가 갈수록)' 또는 '一次比一次(회를 거듭할수록)' 등과 같은 표현도 있다.

표현

1 응용 표현 35-05

❶ 王兰被车撞伤了。

树 shù	风 fēng	刮倒 guādǎo
沙发 shāfā	孩子 háizi	弄脏 nòngzāng
杯子 bēizi	病人 bìngrén	摔坏 shuāihuài
杂志 zázhì	他 tā	借走 jièzǒu

❷ 我们给你带来一些吃的。

拿 ná	糖 táng
买 mǎi	方便面 fāngbiànmiàn
带 dài	面包 miànbāo
借 jiè	英文小说 Yīngwén xiǎoshuō

2 확장 회화 35-06

❶ 天很黑，看样子要下雨了。
Tiān hěn hēi, kàn yàngzi yào xià yǔ le.

❷ 人民的生活一年比一年幸福。
Rénmín de shēnghuó yì nián bǐ yì nián xìngfú.

❸ 那个戴墨镜的人是谁？
Nàge dài mòjìng de rén shì shéi?

1 피동문

❶ 개사 '被 bèi'를 사용해 피동의 의미를 나타내는 문장을 '被'자문이라고 한다. '被'자문의 주어는 동작을 받는 대상을, 목적어는 동작을 하는 주체를 나타낸다. 이러한 문장은 여의치 않다는 의미를 내포한다.

주어 [동작의 대상] + 被 + 목적어 [동작의 주체] + 동사 + 부가성분

王兰被车撞伤了。 왕란이 차에 부딪쳐 다쳤다.
Wáng Lán bèi chē zhuàngshāng le.

树被大风刮倒了。 나무가 강풍에 쓰러졌다.
Shù bèi dàfēng guādǎo le.

❷ '被' 뒤의 목적어(동작의 주체)를 개괄적으로 나타낼 수도 있고, 생략할 수도 있다.

那本小说 被人借走了。 그 소설을 누가 빌려 갔다.
Nà běn xiǎoshuō bèi rén jièzǒu le.

花瓶被打碎了。 꽃병이 깨졌다.
Huāpíng bèi dǎsuì le.

❸ 개사 '让 ràng' '叫 jiào'는 동작의 주체를 이끌어 내어 피동문을 만들 수 있으며, 주로 비정식적인 회화체에서 쓰인다. 이때 '让'과 '叫'가 이끄는 목적어(동작의 주체)는 생략할 수 없다.

窗户让风刮开了。 창문이 바람에 열렸다.
Chuānghu ràng fēng guākāi le.

那张画儿叫小孩弄脏了。 그 그림은 어린아이에 의해 더러워졌다.
Nà zhāng huàr jiào xiǎoháir nòngzāng le.

❹ '被 bèi' '让 ràng' '叫 jiào' 등의 개사가 없어도 의미상의 피동을 나타낼 수 있다.

眼镜摔坏了。 안경이 깨졌다.
Yǎnjìng shuāihuài le.

衣服洗干净了。 옷이 깨끗하게 빨아졌다.
Yīfu xǐ gānjìng le.

1 다음 제시된 어구를 읽고, 몇 개를 골라 문장을 만들어 보세요. 35-07

被	忘了	苹果、橘子	什么的
	拿走了	电视、电影	
	弄丢了	游游泳、散散步	
	摔坏了	看看花儿、划划船	

2 [보기]와 같이 주어진 단어로 피동문을 만들어 보세요.

| 보기 | 自行车 撞坏 ➜ 我的自行车被汽车撞坏了。

❶ 笔 弄丢 → ________________

❷ 杂志 拿走 → ________________

❸ 照相机 借走 → ________________

❹ 电脑 弄坏 → ________________

3 [보기]와 같이 '把'자문을 피동문으로 고쳐 보세요.

| 보기 | 我把眼镜摔坏了。 ➜ 眼镜被我摔坏了。

❶ 妹妹把妈妈的手表弄丢了。 → ________________

❷ 真糟糕，我把他的名字写错了。 → ________________

❸ 他把文件忘在出租车上了。 → ________________

❹ 他把房卡拿走了。 → ________________

❺ 大风把小树刮倒了。 → ________________

4 다음 상황에 근거해 대화를 나누세요.

상황 | 去医院看病人，与病人一起谈话。
(병원에 문병을 가서 환자와 대화를 나눈다.)

화제 | 医院生活怎么样，病(的)情(况)怎么样，要什么东西等。
(병원 생활은 어떠한지, 병의 상태는 어떠한지, 필요한 물건은 없는지 등을 물어본다.)

5 듣고 따라 말해 보세요. ▶35-08

小王住院了，上星期六我们去看她。她住的病房有三张病床。两张病床有人，有一张是空的。我们去看她的时候，她正躺着看书呢。看见我们，她高兴极了。她说想出院。我们劝她不要着急，出院后我们帮她补英语，想吃什么就给她送去。她很高兴，不再说出院的事了。

空 kòng 형 비다 | 劝 quàn 동 권고하다, 타이르다 | 补 bǔ 동 보충하다

6 발음을 연습하세요.

❶ 자주 쓰이는 발음 ▶35-09

ba	bā ge (八个) bàba (爸爸) zǒu ba (走吧)	fa	chūfā (出发) fāngfǎ (方法) lǐfà (理发)

❷ 큰 소리로 읽기 ▶35-10

A Qǐngwèn, Wáng Lán zhù zài jǐ hào bìngfáng?

B Tā zài wǔ hào yī chuáng, kěshì jīntiān bù néng kàn bìngrén.

A Wǒ yǒu diǎnr jí shì, ràng wǒ jìnqu ba.

B Shénme shì?

A Tā xiǎng chī bīngjīlíng, xiànzài bú sòngqu, jiù děi hē bīng shuǐ le.

B Méi guānxi, wǒ kěyǐ bāng nǐ bǎ bīngjīlíng gěi tā sòng jìnqu.

복습 7

31, 32, 33, 34, 35

상황 회화

1 나는 쓰촨에 가 본 적 있어요 fuxi 07-01

A 你去过四川吗？看过乐山大佛吗？

Nǐ qùguo Sìchuān ma? Kànguo Lèshān Dàfó ma?

B 我去过四川，可是没看过乐山大佛。

Wǒ qùguo Sìchuān, kěshì méi kànguo Lèshān Dàfó.

A 没看过？那你一定要去看看这尊有名的大佛！

Méi kànguo? Nà nǐ yídìng yào qù kànkan zhè zūn yǒumíng de Dàfó!

B 乐山大佛有多大？

Lèshān Dàfó yǒu duō dà?

A 他坐着从头到脚就有71米。

Tā zuòzhe cóng tóu dào jiǎo jiù yǒu qīshíyī mǐ.

他的头有14米长，耳朵有7米长。

Tā de tóu yǒu shísì mǐ cháng, ěrduo yǒu qī mǐ cháng.

B 啊，真大啊！那他的脚一定更大了。

À, zhēn dà a! Nà tā de jiǎo yídìng gèng dà le.

A 那当然。大佛的脚有多大，我记不清楚了。

Nà dāngrán. Dàfó de jiǎo yǒu duō dà, wǒ jì bu qīngchu le.

不过可以这样说，他的一只脚上可以停五辆汽车。

Búguò kěyǐ zhèyàng shuō, tā de yì zhī jiǎo shang kěyǐ tíng wǔ liàng qìchē.

B 真了不起！ 这尊大佛是什么时候修建的？
Zhēn liǎo bu qǐ! Zhè zūn Dàfó shì shénme shíhou xiūjiàn de?

A 唐代就修建了。大佛在那儿已经坐了一千多年了。
Táng Dài jiù xiūjiàn le. Dàfó zài nàr yǐjīng zuò le yìqiān duō nián le.

你看，这些照片都是在那儿照的。
Nǐ kàn, zhèxiē zhàopiàn dōu shì zài nàr zhào de.

B 照得不错。那儿的风景也很美。你是什么时候去的？
Zhào de búcuò. Nàr de fēngjǐng yě hěn měi. Nǐ shì shénme shíhou qù de?

A 2019年9月坐船去的。我还想再去一次呢。
Èr líng yī jiǔ nián jiǔ yuè zuò chuán qù de. Wǒ hái xiǎng zài qù yí cì ne.

B 听了你的介绍，我一定要去看看这尊大佛。
Tīng le nǐ de jièshào, wǒ yídìng yào qù kànkan zhè zūn Dàfó.

要是你有时间，我们一起去，就可以请你当导游了。
Yàoshi nǐ yǒu shíjiān, wǒmen yìqǐ qù, jiù kěyǐ qǐng nǐ dāng dǎoyóu le.

A 没问题。
Méi wèntí.

▶fuxi 07-02

四川 Sìchuān 고유 쓰촨 | 乐山大佛 Lèshān Dàfó 고유 러산대불 | 脚 jiǎo 명 발 | 尊 zūn 양 불상을 세는 단위 | 米 mǐ 양 미터 | 耳朵 ěrduo 명 귀 | 了不起 liǎo bu qǐ 굉장하다 | 修建 xiūjiàn 동 건설하다 | 唐代 Táng Dài 당 왕조 | 千 qiān 수 천

핵심 어법

보어의 여러 종류

1 상태보어

술어 뒤에 '得 de'를 써서 상태를 나타내는 보어를 상태보어라고 한다. 상태보어는 일반적으로 형용사로 이루어지며, 동사구 등도 상태보어로 쓰일 수 있다. 상태보어에는 반드시 '得'를 붙여야 한다.

老师说得很慢。 선생님께서는 천천히 말씀하신다.
Lǎoshī shuō de hěn màn.

他急得跳了起来。 그는 초조해서 벌떡 일어났다.
Tā jí de tiào le qǐlai.

他高兴得不知道说什么好。 그는 기뻐서 무슨 말을 해야 좋을지 몰랐다.
Tā gāoxìng de bù zhīdao shuō shénme hǎo.

2 정도보어

형용사(구)의 뒤에 쓰여 성질이나 상태의 정도를 나타내는 보어를 정도보어라고 한다. '死了 sǐ le' '极了 jí le'가 정도보어로 쓰일 때는 앞에 '得 de'를 쓰지 않는다. 부사 '很 hěn', 형용사 '多 duō' 등이 정도보어로 쓰일 때는 앞에 '得'를 쓴다.

'得'를 쓰지 않는 정도보어

今天热死了。 오늘은 너무 덥다.
Jīntiān rè sǐ le.

那只小狗可爱极了。 그 강아지는 매우 귀엽다.
Nà zhī xiǎo gǒu kě'ài jí le.

'得'를 쓰는 정도보어

中国的名胜古迹多得很。 중국에는 명승고적이 매우 많다.
Zhōngguó de míngshèng gǔjì duō de hěn.

这儿比那儿冷得多。 이곳은 그곳보다 훨씬 춥다.
Zhèr bǐ nàr lěng de duō.

3 결과보어

동작의 결과를 설명하는 보어를 말한다.

你看见和子了吗? 너 가즈코를 봤니?
Nǐ kànjiàn Hézǐ le ma?

玛丽住在九号楼。 메리는 9호 건물에 산다.
Mǎlì zhù zài jiǔ hào lóu.

我把啤酒放在冰箱里了。 나는 맥주를 냉장고에 넣었다.
Wǒ bǎ píjiǔ fàng zài bīngxiāng li le.

我拿走了他的汉语书。 나는 그의 중국어책을 가져갔다.
Wǒ názǒu le tā de Hànyǔ shū.

4 방향보어

동사 뒤에서 동작의 방향을 나타내는 보어를 말한다.

王老师从楼上下来了。 왕 선생님이 위층에서 내려오셨다.
Wáng lǎoshī cóng lóushàng xiàlai le.

玛丽进大厅去了。 메리가 로비로 들어갔다.
Mǎlì jìn dàtīng qù le.

他买回来很多水果。 그는 과일을 많이 사 왔다.
Tā mǎi huílai hěn duō shuǐguǒ.

那个包你放进衣柜里去吧。 그 가방을 옷장 안에 넣으세요.
Nàge bāo nǐ fàng jìn yīguì li qù ba.

5 가능보어

동사 뒤에 쓰여 동작의 가능 여부를 나타내는 보어를 가능보어라고 한다. 결과보어나 단순방향보어, 복합방향보어의 앞에 '得 de' 나 '不 bu'를 더하면 가능보어로 만들 수 있다.

练习不太多，今天晚上我做得完。 숙제가 많지 않아서 나는 오늘 저녁에 다 할 수 있다.
Liànxí bú tài duō, jīntiān wǎnshang wǒ zuò de wán.

我听不懂你说的话。 나는 네가 하는 말을 알아들을 수 없다.
Wǒ tīng bu dǒng nǐ shuō de huà.

现在去长城，下午两点回得来回不来?
Xiànzài qù Chángchéng, xiàwǔ liǎng diǎn huí de lái huí bu lái?
지금 만리장성에 가면 오후 두 시에 돌아올 수 있을까?

衣柜很小，这个包放不进去。 옷장이 작아서 이 가방을 넣을 수 없다.
Yīguì hěn xiǎo, zhège bāo fàng bu jìnqu.

6 수량보어

'比 bǐ'를 이용해 비교를 나타내는 문장에서 두 사물의 구체적인 차이를 설명하고자 할 때 형용사 뒤에 수량사를 보어로 붙인다.

姐姐比妹妹大三岁。 언니는 여동생보다 세 살 많다.

那种咖啡比这种便宜六块多钱。
Nà zhǒng kāfēi bǐ zhè zhǒng piányi liù kuài duō qián.
그 커피는 이 커피보다 6위안 정도 저렴하다.

大卫比我高一点儿。 데이비드가 나보다 좀 더 크다.
Dàwèi bǐ wǒ gāo yìdiǎnr.

7 동량보어

동사 뒤에 쓰여 동작의 횟수를 나타내는 보어를 말한다.

来北京以后，他只去过一次动物园。 베이징에 온 후 그는 동물원에 딱 한 번 가 봤다.
Lái Běijīng yǐhòu, tā zhǐ qùguo yí cì dòngwùyuán.

我去找了他两次。 나는 그를 두 번 찾으러 갔었다.
Wǒ qù zhǎo le tā liǎng cì.

8 시량보어

동작이 이루어진 시간의 양을 나타낸다.

我们休息了二十分钟。 우리는 20분간 쉬었다.
Wǒmen xiūxi le èrshí fēnzhōng.

他只学了半年汉语。 그는 중국어를 단지 6개월 배웠다.
Tā zhǐ xué le bàn nián Hànyǔ.

大卫做练习做了一个小时。 데이비드는 한 시간 동안 숙제를 했다.
Dàwèi zuò liànxí zuò le yí ge xiǎoshí.

小王已经毕业两年了。 샤오왕이 졸업한 지 이미 2년이 되었다.
Xiǎo Wáng yǐjīng bìyè liǎng nián le.

구조조사 '的' '得' '地'

구조조사는 단어나 구를 연결해 어떤 구조를 이루는 기능이 있다. '的 de'는 관형어를 만들고, '得 de'는 동사/형용사 뒤에서 그 뒤에 오는 내용을 보어로 만든다. '地 de'는 각종 부사어를 만든다.

1 的

'的 de'는 관형어와 중심어 사이에 쓰인다.

穿白衣服的同学是他的朋友。 흰옷을 입은 학생은 그의 친구이다.
Chuān bái yīfu de tóngxué shì tā de péngyou.

那儿有个很大的商店。 그곳에는 큰 상점이 있다.
Nàr yǒu ge hěn dà de shāngdiàn.

2 得

'得 de'는 동사/형용사와 보어 사이에 쓰인다.

我的朋友在北京过得很愉快。 내 친구는 베이징에서 매우 즐겁게 지낸다.
Wǒ de péngyou zài Běijīng guò de hěn yúkuài.

这些东西你拿得了拿不了？ 이 물건들을 너는 들 수 있니?
Zhèxiē dōngxi nǐ ná de liǎo ná bu liǎo?

3 地

'地 de'는 부사어와 동사 사이에 쓰인다.

大卫高兴地说："我这次考了100分。"
Dàwèi gāoxìng de shuō: "Wǒ zhè cì kǎo le yì bǎi fēn."
데이비드가 기뻐하며 말했다. "나 이번에 100점 맞았어."

中国朋友热情地欢迎我们。
Zhōngguó péngyou rèqíng de huānyíng wǒmen.
중국 친구가 우리를 열렬히 환영했다.

실전연습

1 실제 상황에 근거해 질문에 대답해 보세요.

❶ 说说你的房间是怎么布置的。('着'를 사용해서)

❷ 说说你一天的生活。(방향보어 '来' 또는 '去'를 사용해서)

❸ 介绍一次旅游的情况。(买票 / 找旅馆 / 参观 / 游览)

2 제시된 문장으로 회화를 연습해 보세요.

❶ 여행

A. 표 사기

到……的票还有吗?
要……次的?
预订……张……(时间)的票。
几点开(/起飞)?
要一等座（二等座）。
坐……要多长时间?

B. 호텔 예약

有洗衣房吗?
住一天多少钱?
还有标准间(biāozhǔnjiān, 스탠다드룸)/套房(tàofáng, 스위트룸)吗?
餐厅(/游泳池(yóuyǒngchí, 수영장)/咖啡厅……) 在哪儿?

C. 관광

这儿的风景……
顺便到……
有什么名胜古迹?
跟……一起……
先去……再去……
当导游

❷ 진찰

你怎么了？	不舒服
量一下儿体温吧。	头疼
发烧，……度。	嗓子疼
感冒了。	咳嗽
吃点儿药。	什么病？
一天吃……次。	
一天打……针。	
住(出)院吧。	

❸ 문병

什么时候能看病人？	谢谢你来看我。
给他买点儿什么？	(你们)太客气了。
你好点儿了吗？	现在好多了。
看样子，你……	
别着急，好好儿休息。	
你想要什么东西吗？	
医院的生活怎么样？	
什么时候出院？	

3 상황에 맞게 대화를 완성하세요.

A 玛丽，天津离北京这么近，星期四我们去玩儿玩儿吧。

B 好，我们可以让____________________。

A 不行，小刘病了。

B ____________________？

A 她发烧、咳嗽。

B ____________________？我怎么不知道？

A 昨天晚上开始的。

B ____________________，我们自己去不方便。

A 也好，等小刘好了再去吧。

4 발음을 연습하세요.

❶ 성조 연습 : 제1성+제3성 ▶fuxi 07-03

yāoqǐng (邀请)
yāoqǐng qīnyǒu (邀请亲友)
yāoqǐng qīnyǒu hē jiǔ (邀请亲友喝酒)

❷ 큰 소리로 읽기 ▶fuxi 07-04

A Dàifu, wǒ sǎngzi téng.
B Yǒudiǎnr hóng, yào duō hē shuǐ.
A Wǒ hē de bù shǎo.
B Bié chī de tài xián.
A Wǒ zhīdao.
B Xiànzài nǐ qù ná yào, yàoshi bù hǎo, zài lái kàn.
A Hǎo, xièxie. Zàijiàn!

| 작별 인사 |

36 我要回国了

나는 귀국하려고 합니다

36-01

261 好久不见了。 오랜만입니다.
Hǎojiǔ bú jiàn le.

262 你今天怎么有空儿来了? 오늘 어떻게 시간이 나서 왔습니까?
Nǐ jīntiān zěnme yǒu kòngr lái le?

263 我来向您告别。 당신에게 작별 인사를 하러 왔습니다.
Wǒ lái xiàng nín gàobié.

264 我常来打扰您，很过意不去。
Wǒ cháng lái dǎrǎo nín, hěn guòyìbúqù.
항상 폐만 끼쳐 드려 정말 죄송합니다.

265 您那么忙，不用送我了。 바쁜데 나를 배웅해 주지 않아도 됩니다.
Nín nàme máng, búyòng sòng wǒ le.

266 我一边学习，一边工作。 나는 공부하면서 일합니다.
Wǒ yìbiān xuéxí, yìbiān gōngzuò.

267 朋友们有的知道，有的不知道。
Péngyoumen yǒude zhīdao, yǒude bù zhīdao.
어떤 친구는 알고 어떤 친구는 모릅니다.

268 趁这两天有空儿，我去向他们告别。
Chèn zhè liǎng tiān yǒu kòngr, wǒ qù xiàng tāmen gàobié.
요 며칠 시간이 날 때 그들에게 작별 인사를 하러 갈 것입니다.

영상 바로보기

구문·단어 웹페이지

새 단어 ▶36-02

好久 hǎojiǔ 형 (시간이) 오래다

向 xiàng 개 ~에게, ~을 향하여

告别 gàobié 동 작별 인사를 하다

打扰 dǎrǎo 동 폐를 끼치다

过意不去 guòyìbúqù 죄송합니다, 미안합니다

那么 nàme 대 그렇게

一边……一边…… yìbiān……yìbiān…… ~하면서 ~하다

们 men 접미 ~들 [복수를 나타내는 접미사]

有的 yǒude 대 어떤 것, 어떤 사람 [사람 또는 사물의 전체 중 일부분]

趁 chèn 개 ~을 틈타, (시간, 기회 등을) 이용하여

日子 rìzi 명 시간, 날짜

已经 yǐjīng 부 이미

因为 yīnwèi 접 왜냐하면

照顾 zhàogù 동 돌보다, 보살피다

够 gòu 동 충분하다

准备 zhǔnbèi 동 준비하다

继续 jìxù 동 계속하다

打算 dǎsuàn 동명 ~하려고 하다, 생각, 계획

研究生 yánjiūshēng 명 대학원생

| 표현 확장 |

离开 líkāi 동 떠나다

下载 xiàzài 동 다운로드하다

聊天儿 liáotiānr 동 한담하다, 잡담하다

手续 shǒuxù 명 수속, 절차

老 lǎo 형 오래된

机会 jīhuì 명 기회

| 고유명사 |

欧洲 Ōuzhōu 유럽

단원 해석·모범답안 ▶ 254쪽

회화

1 작별 인사를 하러 왔어요 ▶36-03

玛丽 您好，王先生！
Mǎlì Nín hǎo, Wáng xiānsheng!

王 玛丽，好久不见了。今天怎么有空儿来了？
Wáng Mǎlì, hǎojiǔ bú jiàn le. Jīntiān zěnme yǒu kòngr lái le?

玛丽 我来向您告别。
Mǎlì Wǒ lái xiàng nín gàobié.

王 你要去哪儿？
Wáng Nǐ yào qù nǎr?

玛丽 我要回国了。
Mǎlì Wǒ yào huí guó le.

王 日子过得真快，你来北京已经一年了。
Wáng Rìzi guò de zhēn kuài, nǐ lái Běijīng yǐjīng yì nián le.

玛丽 常来打扰您，很过意不去。
Mǎlì Cháng lái dǎrǎo nín, hěn guòyìbúqù.

王 哪儿的话[1]，因为忙，对你的照顾很不够。
Wáng Nǎr de huà, yīnwèi máng, duì nǐ de zhàogù hěn bú gòu.

玛丽 您太客气了。
Mǎlì Nín tài kèqi le.

王 哪天走？我去送你。
Wáng Nǎ tiān zǒu? Wǒ qù sòng nǐ.

玛丽　　您那么忙，不用送了。
Mǎlì　　Nín nàme máng, búyòng sòng le.

2 공부하면서 일할 거예요 36-04

刘京　　这次回国，你准备工作还是继续学习？
Liú Jīng　　Zhè cì huí guó, nǐ zhǔnbèi gōngzuò háishi jìxù xuéxí?

大卫　　我打算考研究生，一边学习，一边工作。
Dàwèi　　Wǒ dǎsuàn kǎo yánjiūshēng, yìbiān xuéxí, yìbiān gōngzuò.

刘京　　那很辛苦啊。
Liú Jīng　　Nà hěn xīnkǔ a.

大卫　　没什么，我们那儿很多人都这样。
Dàwèi　　Méi shénme, wǒmen nàr hěn duō rén dōu zhèyàng.

刘京　　你要回国的事，朋友们都知道了吗？
Liú Jīng　　Nǐ yào huí guó de shì, péngyoumen dōu zhīdao le ma?

大卫　　有的知道，有的不知道。
Dàwèi　　Yǒude zhīdao, yǒude bù zhīdao.

趁这两天有空儿，我去向他们告别。
Chèn zhè liǎng tiān yǒu kòngr, wǒ qù xiàng tāmen gàobié.

표현 따라잡기

1 哪儿的话 별말씀을요

상대방에게 칭찬과 고마움의 말을 들었을 때 겸손하게 부정하는 표현이다.

표현

영상 바로보기

1 응용 표현 ▶36-05

❶ 你来北京已经一年了。

他 tā
我 wǒ
小王 Xiǎo Wáng

离开上海 líkāi Shànghǎi
起床 qǐchuáng
去欧洲 qù Ōuzhōu

两年 liǎng nián
一刻钟 yí kè zhōng
三个月 sān ge yuè

❷ 他一边学习，一边工作。

看新闻 kàn xīnwén
跳舞 tiàowǔ
喝茶 hē chá
散步 sànbù

下载文件 xiàzài wénjiàn
唱歌 chàng gē
讨论 tǎolùn
聊天儿 liáotiānr

❸ 朋友们有的知道，有的不知道。

同学 tóngxué
老师 lǎoshī
孩子 háizi

来 lái
参加 cānjiā
喜欢 xǐhuan

不来 bù lái
不参加 bù cānjiā
不喜欢 bù xǐhuan

2 확장 회화 ▶36-06

❶ 这两天我得去办各种手续，没有时间去向你告别了。请原谅。
Zhè liǎng tiān wǒ děi qù bàn gè zhǒng shǒuxù, méiyǒu shíjiān qù xiàng nǐ gàobié le. Qǐng yuánliàng.

❷ 有几位老朋友好久不见了，趁出差的机会去看看他们。
Yǒu jǐ wèi lǎo péngyou hǎojiǔ bú jiàn le, chèn chūchāi de jīhuì qù kànkan tāmen.

어법

1 시량보어(3)

'来 lái' '去 qù' '到 dào' '下(课) xià(kè)' '离开 líkāi' 등과 같은 일부 동사에 시량보어를 더하면 동작의 지속을 나타내는 것이 아니라, 어떤 일의 발생으로부터 어떤 시점(혹은 말하는 시점)까지의 시간을 의미한다. 동사 뒤에 목적어가 있을 때 시량보어는 목적어의 뒤에 놓인다.

他来北京一年了。 그가 베이징에 온 지 1년이 되었다.
Tā lái Běijīng yì nián le.

下课十五分钟了。 수업 끝난 지 15분 되었다.
Xiàkè shíwǔ fēnzhōng le.

2 '有的……有的……'

❶ 대명사 '有的 yǒude'는 관형어로 쓰여 그것이 수식하는 명사의 일부분을 가리키는데, 단독으로 쓸 수도 있고 두세 개를 연이어 쓸 수도 있다.

有的话我没听懂。 어떤 말을 나는 알아듣지 못했다.
Yǒude huà wǒ méi tīngdǒng.

我们班有的同学喜欢看电影，有的(同学)喜欢听音乐，有的 (同学)喜欢看小说。
Wǒmen bān yǒude tóngxué xǐhuan kàn diànyǐng, yǒude (tóngxué) xǐhuan tīng yīnyuè, yǒude (tóngxué) xǐhuan kàn xiǎoshuō.
우리 반에서 어떤 학생은 영화 보기를 좋아하고, 어떤 학생은 음악 듣기를 좋아하며, 어떤 학생은 소설 읽기를 좋아한다.

❷ 만약 수식하는 명사가 앞에서 이미 언급되었다면 생략할 수 있다.

他的书很多，有的是中文的，有的是英文的。
Tā de shū hěn duō, yǒude shì Zhōngwén de, yǒude shì Yīngwén de.
그는 책이 많다. 어떤 것은 중국어책이고 어떤 것은 영어책이다.

1 다음 제시된 어구를 읽고, 몇 개를 골라 문장을 만들어 보세요. 36-07

趁	放假的时候
	天气好
	这几天不忙

向	他告别
	小王学习
	前看

好	多
	几个星期
	累

准备	回国
	结婚
	得怎么样了
	生日礼物

已经	毕业了
	出院了
	修好了
	十二点了

2 알맞은 단어를 골라 문장을 완성해 보세요.

有的　继续　撞　老　出差　够

❶ 你的病还没好，应该＿＿＿＿＿＿＿＿＿。

❷ 我饿极了，两个面包＿＿＿＿＿＿＿＿＿。

❸ 他已经五十岁了，可是看样子＿＿＿＿＿＿＿＿＿。

❹ 他＿＿＿＿＿＿＿＿＿，很少在家。

❺ 那棵小树昨天被汽车＿＿＿＿＿＿＿＿＿。

❻ 我有很多中国朋友，＿＿＿＿＿＿＿＿＿。

3 괄호 안의 단어가 들어갈 알맞은 위치를 고르세요.

❶ 李成日 **A** 离开 **B** 北京 **C** 了。（一年）

❷ 他 **A** 去 **B** 医院 **C** 了。（两个半小时）

❸ 他 **A** 大学 **B** 毕业 **C** 了。（两年）

❹ 他 **A** 已经 **B** 起床 **C** 了。（半个小时）

❺ 他们 **A** 结 **B** 婚 **C** 了。（十多年）

4 실제 상황에 근거해 질문에 대답해 보세요.

❶ 你来这个城市多长时间了?

❷ 你什么时候中学毕业的? 毕业多长时间了?

❸ 你现在穿的这件衣服买了多长时间了?

❹ 你离开你们国家多长时间了?

5 상황에 맞게 대화를 완성하세요.

A 小王，我要回国了。

B ______________________________?

A 二十号晚上走。

B ______________________________?

A 准备得差不多了。

B ______________________________?

A 不用帮忙，我自己可以。

B ______________________________。

A 你很忙，不用送我了。

6 다음 상황에 근거해 대화를 나누세요.

상황 | 你去中国的时候向朋友告别。
(당신이 중국에 가며 친구들과 작별 인사를 한다.)

화제 | 朋友问你学什么，学习多长时间；你问他们有没有要办的事等。
(친구는 당신에게 무엇을 공부하고 얼마 동안 공부하는지 묻는다. 당신은 그들에게 해야 할 일이 있는지 묻는다.)

7 듣고 따라 말해 보세요. ▶36-08

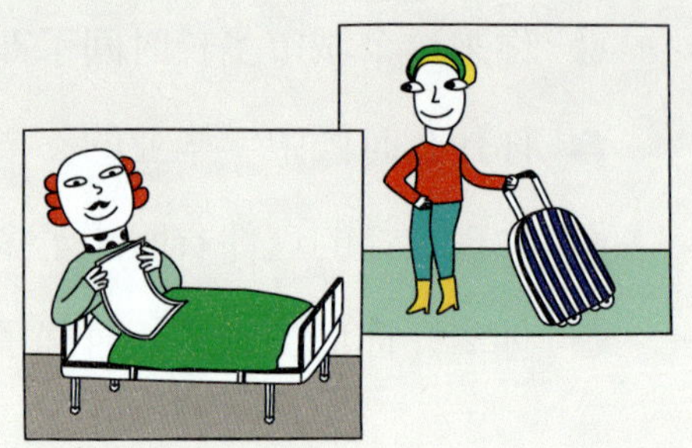

明天我要去旅行。这次去的时间比较长，得去向朋友告别一下儿，可是老张住院了。

在北京的这些日子里，老张像家里人一样照顾我。我也常去打扰他，我觉得很过意不去。今天不能去跟他告别，我就给他发了一个长长的微信，向他问好。希望我回来的时候他已经出院了。

希望 xīwàng 동 바라다, 희망하다

8 발음을 연습하세요.

❶ 자주 쓰이는 발음 ▶36-09

fu	fūren (夫人) fùqīn (父亲) dàifu (大夫)	jing	yǐjīng (已经) jǐngchá (警察) ānjìng (安静)

❷ 큰 소리로 읽기 ▶36-10

A Wáng Lán, wǒ xiàng nǐ gàobié lái le.

B Zhēn qiǎo, wǒ zhèng yào qù kàn nǐ ne. Qǐng jìn.

A Nǐ nàme máng, hái chángcháng zhàogù wǒ, wǒ fēicháng gǎnxiè.

B Nǎr de huà, zhàogù de hěn bú gòu.

绕口令 ràokǒulìng

送花 rao 11

华华红花红红黄花，
Huáhua hónghuā hónghóng huánghuā,

华华想要黄花红红想要红花。
Huáhua xiǎng yào huánghuā Hónghóng xiǎng yào hónghuā.

华华给红红一朵红花，红红给华华一朵黄花。
Huáhua gěi Hónghóng yì duǒ hónghuā, Hónghóng gěi Huáhua yì duǒ huánghuā.

꽃 선물

화화는 빨간 꽃, 홍홍은 노란 꽃을 들고 있고, 화화는 노란 꽃을 원하고, 홍홍은 빨간 꽃을 원한다.
화화는 홍홍에게 빨간 꽃 한 송이를 주고, 홍홍은 화화에게 노란 꽃 한 송이를 준다.

小小萤火虫 rao 12

小小萤火虫，亮亮小星灯，
Xiǎoxiǎo yínghuǒchóng, liàngliàng xiǎo xīng dēng

一闪一闪飞夜空，照亮草丛草更青。
Yì shǎn yì shǎn fēi yèkōng, zhàoliàng cǎocóng cǎo gèng qīng.

작은 반딧불이

작은 반딧불이, 작은 별같은 등불을 켜고,
반짝반짝 밤하늘을 날며, 풀숲을 밝히자 풀이 더 푸르다.

| 송별 |

37 真舍不得你们走

당신들이 떠난다니 정말 섭섭합니다

37-01

269 回国的日子越来越近了。 귀국 날짜가 점점 가까워집니다.
Huí guó de rìzi yuèláiyuè jìn le.

270 虽然时间不长，但是我们的友谊很深。
Suīrán shíjiān bù cháng, dànshì wǒmen de yǒuyì hěn shēn.
시간이 길지는 않았지만 우리의 우정은 두텁습니다.

271 我们把联系方式都记在手机上了。
Wǒmen bǎ liánxì fāngshì dōu jì zài shǒujī shang le.
우리는 연락처를 모두 휴대전화에 저장했습니다.

272 让我们一起照张相吧！ 우리 함께 사진을 찍읍시다!
Ràng wǒmen yìqǐ zhào zhāng xiàng ba!

273 除了去实习的以外，都来了。
Chúle qù shíxí de yǐwài, dōu lái le.
실습하러 간 사람을 빼고는 모두 왔습니다.

274 你用汉语唱个歌吧。 중국어로 노래 한 곡 불러 보세요.
Nǐ yòng Hànyǔ chàng ge gē ba.

275 我唱完就该你们了。 내 노래가 끝나면 당신들 차례입니다.
Wǒ chàngwán jiù gāi nǐmen le.

276 真不知道说什么好。 무슨 말을 해야 좋을지 모르겠습니다.
Zhēn bù zhīdao shuō shénme hǎo.

구문 · 단어 웹페이지

새 단어 ▷37-02

越来越…… yuèláiyuè…… 점점 ~하다, 갈수록 ~하다

虽然……但是……
suīrán…… dànshì…… 비록 ~하지만

深 shēn 형 깊다, 두텁다

方式 fāngshì 명 방식, 방법

记 jì 동 기록하다, 저장하다

实习 shíxí 동 실습하다

该 gāi 동 ~의 차례이다

舍不得 shěbude 동 아쉽다, 섭섭하다

视频 shìpín 명 영상

留 liú 동 남겨 두다

作 zuò 동 ~로 삼다

纪念 jìniàn 동명 기념하다, 기념(품)

欢送会 huānsònghuì 명 환송회

节目 jiémù 명 프로그램

精彩 jīngcǎi 형 훌륭하다, 뛰어나다

热情 rèqíng 형 열정적이다

欢送 huānsòng 동 환송하다

取得 qǔdé 동 얻다, 취득하다

| 표현 확장 |

旅游 lǚyóu 동 여행하다

水平 shuǐpíng 명 수준

年纪 niánjì 명 나이

黑板 hēibǎn 명 칠판

墙 qiáng 명 벽, 담장

贴 tiē 동 붙이다

左边 zuǒbian 명 왼쪽

단원 해석 · 모범답안 ▶ 255쪽

회화

1 귀국 날짜가 점점 가까워지네요 ◉37-03

和子 回国的日子越来越近了。
Hézǐ Huí guó de rìzi yuèláiyuè jìn le.

王兰 真舍不得你们走。
Wáng Lán Zhēn shěbude nǐmen zǒu.

大卫 是啊，虽然时间不长，但是我们的友谊很深。
Dàwèi Shì a, suīrán shíjiān bù cháng, dànshì wǒmen de yǒuyì hěn shēn.

玛丽 我们把联系方式都记在手机上了，
Mǎlì Wǒmen bǎ liánxì fāngshì dōu jì zài shǒujī shang le.

发微信，视频聊天儿又快又方便。
fā wēixìn, shìpín liáo tiānr yòu kuài yòu fāngbiàn.

刘京 你们还会有机会来中国的。
Liú Jīng Nǐmen hái huì yǒu jīhuì lái Zhōngguó de.

和子 要是来北京，一定来看你们。
Hézǐ Yàoshi lái Běijīng, yídìng lái kàn nǐmen.

大卫 让我们一起照张相吧！
Dàwèi Ràng wǒmen yìqǐ zhào zhāng xiàng ba!

玛丽 好，多照几张，留作纪念。
Mǎlì Hǎo, duō zhào jǐ zhāng, liúzuò jìniàn.

2 환송회에 참석한 사람이 정말 많군요 37-04

玛丽 Mǎlì
参加欢送会的人真多。
Cānjiā huānsònghuì de rén zhēn duō.

刘京 Liú Jīng
除了去实习的以外，都来了。
Chúle qù shíxí de yǐwài, dōu lái le.

和子 Hézǐ
开始演节目了。
Kāishǐ yǎn jiémù le.

大卫 Dàwèi
玛丽，你用汉语唱个歌吧。
Mǎlì, nǐ yòng Hànyǔ chàng ge gē ba.

玛丽 Mǎlì
我唱完就该你们了。
Wǒ chàngwán jiù gāi nǐmen le.

王兰 Wáng Lán
各班的节目很多，很精彩。
Gè bān de jiémù hěn duō, hěn jīngcǎi.

和子 Hézǐ
同学和老师这么热情地欢送我们，
Tóngxué hé lǎoshī zhème rèqíng de huānsòng wǒmen,
真不知道说什么好。
zhēn bù zhīdao shuō shénme hǎo.

刘京 Liú Jīng
祝贺你们取得了好成绩。
Zhùhè nǐmen qǔdé le hǎo chéngjì.

王兰 Wáng Lán
祝你们更快地提高中文水平。
Zhù nǐmen gèng kuài de tígāo Zhōngwén shuǐpíng.

표현

1 응용 표현 ◎37-05

❶ 回国的日子越来越近了。

他的发音 tā de fāyīn　　好 hǎo
旅游的人 lǚyóu de rén　　多 duō
他的技术水平 tā de jìshù shuǐpíng　　高 gāo
北京的天气 Běijīng de tiānqì　　暖和 nuǎnhuo

❷ 虽然时间不长，但是我们的友谊很深。

年纪很大 niánjì hěn dà　　身体很好 shēntǐ hěn hǎo
路比较远 lù bǐjiào yuǎn　　交通比较方便 jiāotōng bǐjiào fāngbiàn
学习的时间很短 xuéxí de shíjiān hěn duǎn　　提高得很快 tígāo de hěn kuài

❸ 我们把联系方式都记在手机上了。

字 zì　　写 xiě　　黑板上 hēibǎn shang
汽车 qìchē　　停 tíng　　停车场 tíngchēchǎng
地图 dìtú　　挂 guā　　墙上 qiáng shang
通知 tōngzhī　　贴 tiē　　黑板左边 hēibǎn zuǒbian

2 확장 회화 ◎37-06

❶ 他除了英语以外，别的语言都不会。
Tā chúle Yīngyǔ yǐwài, biéde yǔyán dōu bú huì.

❷ 这次篮球比赛非常精彩，你没去看，真可惜。
Zhè cì lánqiú bǐsài fēicháng jīngcǎi, nǐ méi qù kàn, zhēn kěxī.

어법

1 '虽然……但是……'

'비록 ~하지만'이라는 뜻으로, 전환관계를 나타내는 복문을 만들 수 있다. '虽然 suīrán'은 앞 절의 주어 앞이나 주어 뒤에 놓이며, '但是(可是) dànshì(kěshì)'는 뒤 절의 앞에 놓인다.

虽然下雪，但是天气不太冷。 비록 눈이 내리지만, 날씨는 그다지 춥지 않다.
Suīrán xià xuě, dànshì tiānqì bú tài lěng.

今天我虽然很累，但是玩得很高兴。 오늘 비록 매우 피곤했지만 재미있게 놀았다.
Jīntiān wǒ suīrán hěn lèi, dànshì wán de hěn gāoxìng.

虽然他没来过北京，可是对北京的情况知道得很多。
Suīrán tā méi láiguo Běijīng, kěshì duì Běijīng de qíngkuàng zhīdao de hěn duō.
비록 그는 베이징에 와 본 적이 없지만, 베이징의 상황에 대해 많이 알고 있다.

2 '把'자문(2)

❶ 처리되는 사물이나 사람이 동작을 통해 '어떤 장소에 놓이게 됨'을 설명하려고 할 때에는 반드시 '把 bǎ' 자문을 사용해야 한다.

我们把联系方式记在手机上了。 우리는 연락처를 휴대전화에 저장했습니다.
Wǒmen bǎ liánxì fāngshì jì zài shǒujī shang le.

我把啤酒放进冰箱里了。 나는 맥주를 냉장고 안에 넣었다.
Wǒ bǎ píjiǔ fàng jìn bīngxiāng li le.

他把汽车开到学校门口了。 그는 차를 학교 입구까지 몰았다.
Tā bǎ qìchē kāi dào xuéxiào ménkǒu le.

❷ 처리되는 사물이 동작을 통해 '어떤 대상에게 전달됨'을 설명할 때에도, 일정한 조건에서 '把 bǎ'자문을 사용해야 한다.

我把钱交给那个售货员了。 나는 돈을 그 점원에게 건네주었다.
Wǒ bǎ qián jiāo gěi nàge shòuhuòyuán le.

把这些饺子留给大卫吃。 이 만두를 데이비드가 먹도록 남겨 둘게.
Bǎ zhèxiē jiǎozi liú gěi Dàwèi chī.

1 알맞은 단어를 골라 빈칸을 채우세요.

舍不得　　精彩　　该　　机会　　记　　热情

❶ 昨天的游泳比赛很＿＿＿＿＿＿＿＿，运动员的水平很高。

❷ 我都站了一个小时了，现在我们＿＿＿＿＿＿＿＿坐一会儿了。

❸ 来中国学习是很好的＿＿＿＿＿＿＿＿，我一定好好儿学习。

❹ 我的联系方式你都＿＿＿＿＿＿＿＿下来了吧？

❺ 那个饭店的服务员很＿＿＿＿＿＿＿＿。

❻ 这块蛋糕她＿＿＿＿＿＿＿＿吃，因为妹妹喜欢吃，她要留给妹妹。

2 [보기]와 같이 '越来越……'를 사용해 문장을 고쳐 보세요.

| 보기 | 刚才雪很大，现在更大。 ➜ 雪(下得)越来越大了。

❶ 冬天快过去了，天气慢慢地暖和了。

→ ＿＿＿＿＿＿＿＿＿＿＿＿＿＿＿＿

❷ 他的汉语比刚来的时候好多了。

→ ＿＿＿＿＿＿＿＿＿＿＿＿＿＿＿＿

❸ 张老师的小女儿一年比一年漂亮。

→ ＿＿＿＿＿＿＿＿＿＿＿＿＿＿＿＿

❹ 参加欢送会的人比刚开始的时候多了。

→ ＿＿＿＿＿＿＿＿＿＿＿＿＿＿＿＿

❺ 大家讨论以后，这个问题比以前清楚了。

→ ＿＿＿＿＿＿＿＿＿＿＿＿＿＿＿＿

3 [보기]와 같이 주어진 단어로 '把'자문을 만들어 보세요.

| 보기 | 汽车　停　九号楼前边 → 他把汽车停在九号楼前边了。

❶ 名字　写　本子上　→ ______________________

❷ 手机　放　桌子上　→ ______________________

❸ 钱包　忘　家里　→ ______________________

❹ 衬衫　挂　衣柜里　→ ______________________

4 상황에 맞게 대화를 완성하세요.

A 小张，你要去法国留学了，祝你顺利！

B 祝你学习______________________！

张 谢谢你们！为______________________干杯！

A ______________________。

张 我一到那儿就给你们打电话。

B ______________________。

张 我一定注意身体。谢谢！

5 다음 상황에 근거해 대화를 나누세요.

상황 | 说说开茶话会欢送朋友回国的情况。
(귀국하는 친구를 환송해 주기 위한 다과회(茶话会)가 열렸다.)

화제 | 一边喝茶一边谈话，你对朋友说些什么，朋友说些什么。
(차를 마시면서 이야기를 나눈다. 당신은 친구에서 무슨 말을 하고, 친구는 당신에게 무슨 말을 하겠는가?)

6 듣고 따라 말해 보세요. ◎37-07

我在这儿学了三个月汉语，下星期一要回国了。虽然我在中国的时间不长，可是认识了不少中国朋友和别的国家的朋友。我们的友谊越来越深。我真舍不得离开他们。要是以后有机会，我一定会再来中国。

7 발음을 연습하세요.

❶ 자주 쓰이는 발음 ◎37-08

yuan	yuánlái (原来) yǒngyuǎn (永远) yuànyì (愿意)
yan	chōuyān (抽烟) yánjiū (研究) yǎnjìng (眼镜)

❷ 큰 소리로 읽기 ◎37-09

A Míngtiān wǒmen gěi Lǐ Hóng kāi ge huānsònghuì ba.

B Duì, tā chūguó shíjiān bǐjiào cháng.

C Děi zhǔnbèi yìxiē shuǐguǒ hé lěngyǐn (冷饮, 차가운 음료).

A Bié wàng le zhàoxiàng.

B Yě bié wàng le liú tā de liánxì fāngshì.

绕口令 ràokǒulìng

数星星 rao 13

小弟搬凳仰头看，天上星星亮又明。
Xiǎodì bān dèng yǎngtóu kàn, tiānshàng xīngxing liàng yòu míng.

一数二数到十六，风来云起藏又生。
Yī shǔ èr shǔ dào shíliù, fēng lái yún qǐ cáng yòu shēng.

별을 세어요

동생이 의자를 놓고 올려다보니, 하늘에 별이 밝게 빛난다.
하나, 둘…… 열여섯까지 세고, 바람에 온 구름에 별이 깜빡인다.

月亮走 rao 14

月亮走，跟我走， 树影房影往后走。
Yuèliang zǒu, gēn wǒ zǒu, shùyǐng fángyǐng wǎng hòu zǒu.

小孩抬头看月亮， 越走越亮心不愁。
Háizi táitóu kàn yuèliang, yuè zǒu yuè liàng xīn bù chóu.

달이 따라와요

달이 나를 따라 걸어오고, 나무 그림자, 집 그림자는 뒤로 사라진다.
고개 들어 밝은 달을 보니, 걸을수록 마음도 함께 밝아진다.

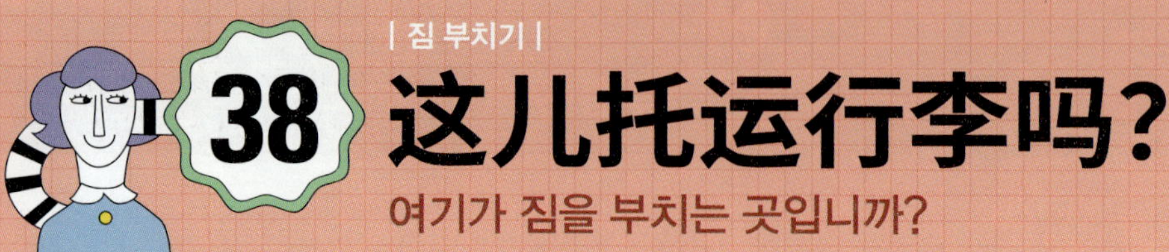

| 짐 부치기 |

38 这儿托运行李吗?

여기가 짐을 부치는 곳입니까?

38-01

277 可以海运，不但省钱，而且很方便。
Kěyǐ hǎiyùn, búdàn shěng qián, érqiě hěn fāngbiàn.
해상 운송으로 보낼 수 있어요. 돈도 절약되고 매우 편리합니다.

278 我记不清楚了。 잘 기억나지 않습니다.
Wǒ jì bu qīngchu le.

279 请问，你们托运行李吗? 실례합니다. 짐을 부치시나요?
Qǐngwèn, nǐmen tuōyùn xíngli ma?

280 运费怎么算? 운송비는 어떻게 계산합니까?
Yùnfèi zěnme suàn?

281 按(照)重量或按体积收费都行。
Àn(zhào) zhòngliàng huò àn tǐjī shōu fèi dōu xíng.
무게로 요금을 계산해도 되고, 부피로 요금을 계산해도 됩니다.

282 你把东西运来吧。 물건을 이곳으로 가져오셔도 됩니다.
Nǐ bǎ dōngxi yùnlai ba.

283 我的行李很大，一个人搬不动。
Wǒ de xíngli hěn dà, yí ge rén bān bu dòng.
내 짐은 너무 커서 혼자서 옮길 수 없습니다.

284 为了方便顾客，我们也可以去取。
Wèile fāngbiàn gùkè, women yě kěyǐ qù qǔ.
고객의 편의를 위해, 저희가 직접 가지러 갈 수도 있습니다.

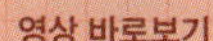

영상 바로보기

구문·단어 웹페이지

새 단어 38-02

托运 tuōyùn 동 운송을 위탁하다

海运 hǎiyùn 동 해상으로 운송하다

不但……而且…… búdàn……érqiě……
~뿐만 아니라 또한

运费 yùnfèi 명 운송비, 운임

算 suàn 동 계산하다

按(照) àn(zhào) 개 ~에 따라

运 yùn 동 운송하다, 운반하다

搬 bān 동 옮기다

动 dòng 동 움직이다

为了 wèile 개 ~을 하기 위하여

顾客 gùkè 명 고객

取 qǔ 동 얻다, 가지다

的话 dehuà 조 (만약) ~하다면

超重 chāozhòng 동 중량을 초과하다

| 표현 확장 |

国际 guójì 형 국제의

交流 jiāoliú 동 교류하다

中心 zhōngxīn 명 한가운데, 중심

打听 dǎting 동 물어보다, 알아보다

大使馆 dàshǐguǎn 명 대사관

办公 bàngōng 동 사무를 보다, 집무하다

단원 해석·모범답안 ▶ 257쪽

회화

1 중량을 초과할 거예요 ▶38-03

刘京 你这么多行李，坐飞机的话，一定超重。
Liú Jīng Nǐ zhème duō xíngli, zuò fēijī dehuà, yídìng chāozhòng.

和子 那怎么办？
Hézǐ Nà zěnme bàn?

王兰 可以海运，不但省钱，而且很方便。
Wáng Lán Kěyǐ hǎiyùn, búdàn shěng qián, érqiě hěn fāngbiàn.

刘京 对，海运比较便宜。
Liú Jīng Duì, hǎiyùn bǐjiào piányi.

和子 海运要多长时间？
Hézǐ Hǎiyùn yào duō cháng shíjiān?

刘京 我记不清楚了，打电话问问客服吧。
Liú Jīng Wǒ jì bu qīngchu le, dǎ diànhuà wènwen kèfú ba.

和子 好，现在我就打电话。
Hézǐ Hǎo, xiànzài wǒ jiù dǎ diànhuà.

2 짐을 어디로 보내실 건가요? ▶38-04

和子 请问，你们托运行李吗？
Hézǐ Qǐngwèn, nǐmen tuōyùn xíngli ma?

客服人员 托运。你要运到哪儿？
Kèfú rényuán Tuōyùn. Nǐ yào yùn dào nǎr?

和子 日本。要多长时间？
Hézǐ Rìběn. Yào duō cháng shíjiān?

客服人员 大概一个多月。
Kèfú rényuán Dàgài yí ge duō yuè.

和子 运费怎么算？
Hézǐ Yùnfèi zěnme suàn?

客服人员 按照这个价目表收费，一般按(照)重量或按体积都行。
Kèfú rényuán Ànzhào zhège jiàmùbiǎo shōufèi, Yìbān àn(zhào) zhòngliàng huò àn tǐjī dōu xíng.

你把东西运来吧。
Nǐ bǎ dōngxi yùnlai ba.

和子 我的行李很大，一个人搬不动。
Hózǐ Wǒ de xíngli hěn dà, yí ge rén bān bu dòng.

客服人员 没关系，为了方便顾客，我们也可以去取。
Kèfú rényuán Méi guānxi, wèile fāngbiàn gùkè, wǒmen yě kěyǐ qù qǔ.

和子 那太好了！
Hézǐ Nà tài hǎo le!

표현

1 응용 표현 38-05

❶ 坐飞机的话，你的行李一定超重。

开车 kāi chē	你们 nǐmen	要注意安全 yào zhùyì ānquán
下雪 xià xuě	路上 lù shang	很滑 hěn huá
放假 fàngjià	他们 tāmen	去旅行 qù lǚxíng

❷ 我记不清楚了。

做 zuò	完 wán
洗 xǐ	干净 gānjìng
搬 bān	动 dòng
去 qù	了 liǎo

❸ 你可以把东西运来。

王大夫 Wáng dàifu	请来 qǐng lái
这个包 zhège bāo	带去 dàiqu
修好的手表 xiūhǎo de shǒubiǎo	取来 qǔlai

2 확장 회화 38-06

❶ 一个月的水费、电费、房费不少。
Yí ge yuè de shuǐfèi、diànfèi、fángfèi bù shǎo.

❷ 以前我在国际交流中心见过他。
Yǐqián wǒ zài Guójì Jiāoliú Zhōngxīn jiànguo tā.

❸ 我打听一下儿，明天大使馆办公不办公？
Wǒ dǎting yíxiàr, míngtiān dàshǐguǎn bàngōng bu bàngōng?

어법

1 '不但……而且……'

'~뿐만 아니라 또한 ~하다'라는 뜻으로, 점층관계를 나타내는 복문을 만든다. 두 절의 주어가 서로 같을 경우에는 '不但 búdàn'이 앞 절의 주어 뒤에 놓이며, 두 절의 주어가 서로 다를 경우에는 '不但'이 앞 절의 주어 앞에 놓인다.

他不但是我的老师，而且也是我的朋友。 그는 나의 선생님일 뿐 아니라 친구이기도 하다.
Tā búdàn shì wǒ de lǎoshī, érqiě yě shì wǒ de péngyou.

这个行李不但很大，而且很重。 이 짐은 클 뿐만 아니라 매우 무겁다.
Zhège xíngli búdàn hěn dà, érqiě hěn zhòng.

不但他会英语，而且小王和小李也会英语。
Búdàn tā huì Yīngyǔ, érqiě Xiǎo Wáng hé Xiǎo Lǐ yě huì Yīngyǔ.
그가 영어를 할 줄 알 뿐 아니라 샤오왕과 샤오리도 영어를 할 줄 안다.

2 '把'자문에서 조동사의 위치

조동사는 개사 '把 bǎ'의 앞에 놓인다.

我可以把照相机带来。 나는 사진기를 가져올 수 있다.
Wǒ kěyǐ bǎ zhàoxiàngjī dàilai.

晚上有大风，应该把窗户关好。 저녁에 강풍이 불 것이므로, 창문을 잘 닫아야 한다.
Wǎnshang yǒu dàfēng, yīnggāi bǎ chuānghu guānhǎo.

3 가능보어 '动'

동사 '动 dòng'이 가능보어로 쓰이면 어떤 일을 할 역량이 있음을 나타낸다.

这只箱子不重，我拿得动。 이 트렁크는 무겁지 않아서 내가 들 수 있다.
Zhè zhī xiāngzi bú zhòng, wǒ ná de dòng.

走了很多路，我现在走不动了。 너무 많이 걸어서 이제는 걸을 수가 없다.
Zǒu le hěn duō lù, wǒ xiànzài zǒu bu dòng le.

这个行李太重了，一个人搬不动。 이 짐은 너무 무거워서 혼자 옮길 수 없다.
Zhège xíngli tài zhòng le, yí ge rén bān bu dòng.

1 동사와 가능보어를 사용해 빈칸을 채우세요.

❶ 天太黑，我＿＿＿＿＿＿＿＿黑板上的字。

❷ 这张桌子很重，我一个人＿＿＿＿＿＿＿＿。

❸ 我的中文水平不高，还＿＿＿＿＿＿＿＿中文小说。

❹ 从这儿海运到东京，一个月＿＿＿＿＿＿＿＿吗?

❺ 这本杂志，你一个星期＿＿＿＿＿＿＿＿吗?

❻ 我们只见过一面，他的名字我＿＿＿＿＿＿＿＿。

2 '不但……而且……'를 사용해 문장을 완성해 보세요.

❶ 那儿不但名胜古迹很多，＿＿＿＿＿＿＿＿＿＿＿＿。

❷ 抽烟＿＿＿＿＿＿＿＿＿＿＿＿，而且对别人的身体也不好。

❸ 他不但会说汉语，＿＿＿＿＿＿＿＿＿＿＿＿。

❹ 昨天在欢送会上不但＿＿＿＿＿＿＿＿＿＿＿＿，而且别的班的同学也都演了节目。

3 '为了'를 사용해 문장을 완성해 보세요.

❶ ＿＿＿＿＿＿＿＿＿＿＿＿＿＿＿＿，我要去旅行。

❷ ＿＿＿＿＿＿＿＿＿＿＿＿＿＿＿＿，我们要多听多说。

❸ ＿＿＿＿＿＿＿＿＿＿＿＿＿＿＿＿，你别骑快车了。

❹ ＿＿＿＿＿＿＿＿＿＿＿＿＿＿＿＿，我买了一张画儿。

4 다음 상황에 근거해 대화를 나누세요.

상황 | 去邮局寄快递。与营业员对话。
(우체국에 택배를 부치러 가서 우체국 직원과 대화를 나눈다.)

화제 | 东西是不是超重? 邮费多少? 多长时间能到?
(물건이 중량을 초과하는가? 우편요금은 얼마인가? 도착하기까지 시간이 얼마나 걸리는가?)

5 상황에 맞게 대화를 완성하세요.

A ______________________________?

B 我要去托运行李。

A ______________________________?

B 运到上海。

A ______________________________?

B 七八天。

A 运费贵吗?

B ______________________________。

A 你拿得动吗? 要不要我帮忙?

B ______________________________。

6 듣고 따라 말해 보세요. 38-07

小刘要去韩国，他不知道可以托运多少行李。小张去过法国，去法国和去韩国一样，可以托运二十千克的行李，还可以带一个五千克的小包。小刘东西比较多，小张让他海运，海运可以寄很多，而且比较便宜。小刘觉得这是个好主意。

千克 qiānkè 양 킬로그램(kg) | 主意 zhǔyi 명 생각, 의견

7 발음을 연습하세요.

❶ 자주 쓰이는 발음 38-08

yuan	huāyuán (花园) hěn yuǎn (很远) yuànyì (愿意)
me	**shénme (什么) zěnmeyàng (怎么样) zhème (这么)**

❷ 큰 소리로 읽기 38-09

A Xiǎojiě, wǒ yào jì shū, hǎiyùn.

B Wǒ kànkan. À, chāozhòng le.

A Yì bāo kěyǐ jì duōshao?

B Wǔ qiānkè.

A Wǒ náchū jǐ běn lai ba.

B Hǎo.

| 배웅하기 ❶ |

39 不能送你去机场了

당신을 공항까지 배웅할 수 없습니다

39-01

285 你准备得怎么样了？ 준비는 잘 돼 갑니까?
Nǐ zhǔnbèi de zěnmeyàng le?

286 你还有什么没办的事，我可以替你办。
Nǐ hái yǒu shénme méi bàn de shì, wǒ kěyǐ tì nǐ bàn.
아직 처리하지 못한 일이 있으면, 내가 대신해 줄 수 있습니다.

287 这几本书我想送给朋友，来不及叫快递了。
Zhè jǐ běn shū wǒ xiǎng sòng gěi péngyou, lái bu jí jiào kuàidì le.
이 몇 권의 책을 친구에게 보내 주고 싶은데, 택배를 부를 겨를이 없었습니다.

288 我正等着你呢！ 나는 당신을 기다리고 있었습니다!
Wǒ zhèng děngzhe nǐ ne!

289 你的东西收拾好了吗？ 물건은 다 정리했습니까?
Nǐ de dōngxi shōushi hǎo le ma?

290 出门跟在家不一样，麻烦事就是多。
Chūmén gēn zài jiā bù yíyàng, máfan shì jiù shì duō.
밖에 나가면 집에 있는 것과는 달리 번거로운 일이 많습니다.

291 四个小包不如两个大包好。
Sì ge xiǎo bāo bùrú liǎng ge dà bāo hǎo.
작은 가방 네 개보다 큰 가방 두 개가 낫습니다.

292 又给你添麻烦了。 당신에게 또 폐를 끼쳤습니다.
Yòu gěi nǐ tiān máfan le.

새 단어 ▶39-02

替 tì 동 개 대신하다, ~을 위하여

叫 jiào 동 부르다, 불러오다

不如 bùrú 동 ~만 못하다

添 tiān 동 더하다, 보태다

乱 luàn 형 무질서하다, 어지럽다

手提包 shǒutíbāo 명 손가방, 핸드백

随身 suíshēn 형 휴대하다

或者 huòzhě 접 ~이든가 아니면 ~이다

特别 tèbié 부 특히, 더욱

轻 qīng 형 가볍다

主意 zhǔyi 명 생각, 의견

重新 chóngxīn 부 다시

另外 lìngwài 접 부 이외에, 그 밖에

转 zhuǎn 동 전하다

| 표현 확장 |

报名 bàomíng 동 신청하다, 등록하다

鞋 xié 명 신발

结实 jiēshi 형 단단하다, 견고하다

街 jiē 명 거리

安静 ānjìng 형 조용하다

了解 liǎojiě 동 알다, 이해하다

病房 bìngfáng 명 병실

단원 해석·모범답안 ▶ 258쪽

회화

1 물건을 정리하고 있어요 39-03

王兰 准备得怎么样了?
Wáng Lán Zhǔnbèi de zěnmeyàng le?

玛丽 我正收拾东西呢。你看，多乱啊!
Mǎlì Wǒ zhèng shōushi dōngxi ne. Nǐ kàn, duō luàn a!

王兰 路上要用的东西放在手提包里，
Wáng Lán Lùshang yào yòng de dōngxi fàng zài shǒutíbāo li,

这样用起来方便❶。
zhèyàng yòng qǐlai fāngbiàn.

玛丽 对。我随身带的东西不太多，两个箱子都已经托运了。
Mǎlì Duì. Wǒ suíshēn dài de dōngxi bú tài duō, liǎng ge xiāngzi dōu yǐjīng tuōyùn le.

王兰 真抱歉，我不能送你去机场了。
Wáng Lán Zhēn bàoqiàn, wǒ bù néng sòng nǐ qù jīchǎng le.

玛丽 没关系。你忙吧。
Mǎlì Méi guānxi. Nǐ máng ba.

王兰 你还有什么没办的事，我可以替你办。

Wáng Lán Nǐ hái yǒu shénme méi bàn de shì, wǒ kěyǐ tì nǐ bàn.

玛丽 这几本书我想送给朋友，来不及叫快递了。

Mǎlì Zhè jǐ běn shū wǒ xiǎng sòng gěi péngyou, lái bu jí jiào kuàidì le.

王兰 发短信或者微信把地址告诉我，我帮你发快递给她。

Wáng Lán Fā duǎnxìn huòzhě wēixìn bǎ dìzhǐ gàosu wǒ, wǒ bāng nǐ fā kuàidì gěi tā.

2 또 폐를 끼치네요 39-04

大卫 你来了，我正等着你呢！

Dàwèi Nǐ lái le, wǒ zhèng děngzhe nǐ ne!

刘京 你的东西收拾好了吗？

Liú Jīng Nǐ de dōngxi shōushi hǎo le ma?

大卫 马马虎虎。这次又坐火车又坐飞机，特别麻烦。

Dàwèi Mǎmǎhūhū. Zhè cì yòu zuò huǒchē yòu zuò fēijī, tèbié máfan.

刘京 是啊，出门跟在家不一样[2]，麻烦事就是多。

Liú Jīng Shì a, chūmén gēn zài jiā bù yíyàng, máfan shì jiù shì duō.

这几个包都是要带走的吗？

Zhè jǐ ge bāo dōu shì yào dài zǒu de ma?

大卫 是的，都很轻。

Dàwèi Shì de, dōu hěn qīng.

刘京 四个小包不如两个大包好。

Liú Jīng Sì ge xiǎo bāo bùrú liǎng ge dà bāo hǎo.

大卫　好主意！
Dàwèi　Hǎo zhǔyi!

刘京　我帮你重新弄弄吧。
Liú Jīng　Wǒ bāng nǐ chóngxīn nòngnong ba.

大卫　又给你添麻烦了。
Dàwèi　Yòu gěi nǐ tiān máfan le.

刘京　哪儿的话。
Liú Jīng　Nǎr de huà.

大卫　另外，要是有我的信，请转给我。
Dàwèi　Lìngwài, yàoshi yǒu wǒ de xìn, qǐng zhuǎn gěi wǒ.

刘京　没问题。
Liú Jīng　Méi wèntí.

표현 따라잡기

❶ **这样用起来方便。** 이렇게 하면 쓰기가 편해.

'用起来'는 '用的时候(사용할 때)'의 의미이다.

❷ **出门跟在家不一样。** 밖에 나가면 집에 있는 것과는 다르다.

여기에서 '出门'은 집을 떠나 멀리 가는 것을 의미한다.

표현

1 응용 표현 ◎39-05

❶ 星期六或者星期天我替你去取照片。

哥哥 gēge	我 wǒ	报名 bàomíng
我 wǒ	妈妈 māma	接人 jiē rén
我 wǒ	朋友 péngyou	交电费 jiāo diànfèi

❷ 四个小包不如两个大包好。

这种鞋 zhè zhǒng xié	那种鞋 nà zhǒng xié	结实 jiēshi
这条街 zhè tiáo jiē	那条街 nà tiáo jiē	安静 ānjìng
这种茶 zhè zhǒng chá	那种茶 nà zhǒng chá	好喝 hǎohē

❸ 你还有什么没办的事，我可以替你办。

不了解的情况 bù liǎojiě de qíngkuàng	给你介绍 gěi nǐ jièshào
不懂的词 bù dǒng de cí	帮你翻译 bāng nǐ fānyì
没买的东西 méi mǎi de dōngxi	帮你买 bāng nǐ mǎi

2 확장 회화 ◎39-06

❶ 我走进病房看他的时候，他正安静地躺着呢。
Wǒ zǒu jìn bìngfáng kàn tā de shíhou, tā zhèng ānjìng de tǎngzhe ne.

❷ 离开车还有十分钟，我来不及回去关门了，麻烦你替我关一下儿。
Líkāi chē hái yǒu shí fēnzhōng, wǒ lái bu jí huíqu guān mén le, máfan nǐ tì wǒ guān yíxiàr.

어법

1 동작의 지속과 진행

동작의 지속은 동작이 현재 진행되고 있음을 의미한다. 따라서 '着 zhe'는 종종 '正在 zhèngzài' '正 zhèng' '在 zài' '呢 ne' 등의 단어와 함께 쓰인다.

我正等着你呢。 나는 지금 널 기다리고 있다.
Wǒ zhèng děngzhe nǐ ne.

外边下着雨呢。 바깥에는 비가 오고 있다.
Wàibian xiàzhe yǔ ne.

我去的时候，他正躺着看书呢。 내가 갔을 때 그는 누워서 책을 보고 있었다.
Wǒ qù de shíhou, tā zhèng tǎngzhe kàn shū ne.

2 '不如'를 이용한 비교

'A 不如 bùrú B'는 'A 没有 méiyǒu B(A는 B만 못하다)'의 의미이다.

我的汉语水平不如他高。 내 중국어 실력은 그만큼 높지 못하다.
Wǒ de Hànyǔ shuǐpíng bùrú tā gāo.

这个房间不如那个房间干净。 이 방은 저 방만큼 깨끗하지 못하다.
Zhège fángjiān bùrú nàge fángjiān gānjìng.

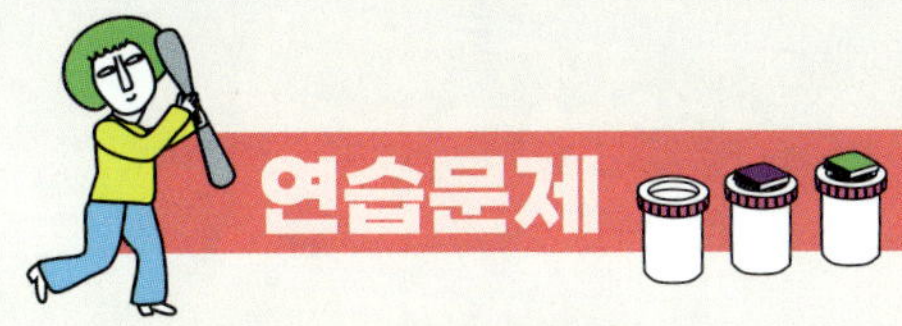

1 '还是'나 '或者'를 사용해 빈칸을 채우세요.

❶ 你这星期走＿＿＿＿＿＿＿＿下星期走?

❷ 你坐飞机去＿＿＿＿＿＿＿＿坐火车去?

❸ 今天＿＿＿＿＿＿＿＿明天，我去看你。

❹ 这次旅行，我们先去上海＿＿＿＿＿＿＿＿先去桂林?

❺ 我们走着去＿＿＿＿＿＿＿＿骑自行车去，别坐公共汽车，公共汽车人太多。

❻ 现在，我们收拾行李＿＿＿＿＿＿＿＿去和同学们告别?

2 '不如'를 사용해 다음 문장을 고쳐 보세요.

❶ 她的手提包比我的漂亮。
→ ＿＿＿＿＿＿＿＿＿＿＿＿＿＿＿＿

❷ 北京的春天冷，我们那儿的春天暖和。
→ ＿＿＿＿＿＿＿＿＿＿＿＿＿＿＿＿

❸ 那个公园的人太多，这个公园安静。
→ ＿＿＿＿＿＿＿＿＿＿＿＿＿＿＿＿

❹ 你的主意好，小王的主意不太好。
→ ＿＿＿＿＿＿＿＿＿＿＿＿＿＿＿＿

3 '替'를 사용해 문장을 완성해 보세요.

❶ 今天有我一个快递，可是现在我有事。你寄快递的话，
请＿＿＿＿＿＿＿＿＿＿＿＿，好吗?

❷ 我也喜欢这种糖，你去买东西的时候，＿＿＿＿＿＿＿＿＿＿＿＿。

❸ 现在我出去一下儿，要是有电话来＿＿＿＿＿＿＿＿＿＿＿＿。

❹ 我头疼，不去上课了，你看见老师的时候，＿＿＿＿＿＿＿＿＿＿＿＿。

4 상황에 맞게 대화를 완성하세요.

A 小刘，你去广州出差，________________？

刘 是的。________________________________？

B 没事。广州比这儿热得多，你要________________！

刘 谢谢！________________，给你们带一些水果。

A 不用了，这儿________________。

刘 不一样，这儿的________________新鲜。

B 那先谢谢你了！

5 다음 상황에 근거해 대화를 나누세요.

상황 | 你的中国朋友要去你们国家留学，你去宿舍看他/她，两人会话。
(당신의 중국 친구가 한국으로 유학을 가게 되어, 그/그녀의 기숙사로 찾아가 대화를 나눈다.)

화제 | 准备的情况怎样？需要什么帮助？介绍你们国家的一些情况。
(준비는 잘 되고 있는지, 도와줄 일은 없는지 묻고, 당신 나라의 상황을 설명해 준다.)

6 듣고 따라 말해 보세요. ▶39-07

尼娜今天要回国，我们去她的宿舍看她。她把行李都收拾好了，正等出租车呢。我看见墙上还挂着她的大衣，问她是不是忘了，她说不是，走的时候再穿。问她没用完的人民币换了没有，她说到机场换。这样我们就放心了。出租车一到，我们就帮她拿行李，送她上了车。

7 발음을 연습하세요.

❶ 자주 쓰이는 발음 ▶39-08

dong	dōngxi (东西) dǒng le (懂了) yùndòng (运动)
tong	tōngzhī (通知) tóngxué (同学) chuántǒng (传统)

❷ 큰 소리로 읽기 ▶39-09

A À, nǐmen dōu zài zhèr ne!

B Wǒmen yě shì gāng lái.

C Nǐmen dōu lái gěi wǒ sòngxíng (送行, 배웅하다), zhēn guòyìbúqù.

B Lǎo péngyou bù néng bú sòng.

A Shì a, zhēn shěbude nǐ.

C Xièxie dàjiā.

A, B Zhù nǐ yílù (一路, 여정) shùnlì!

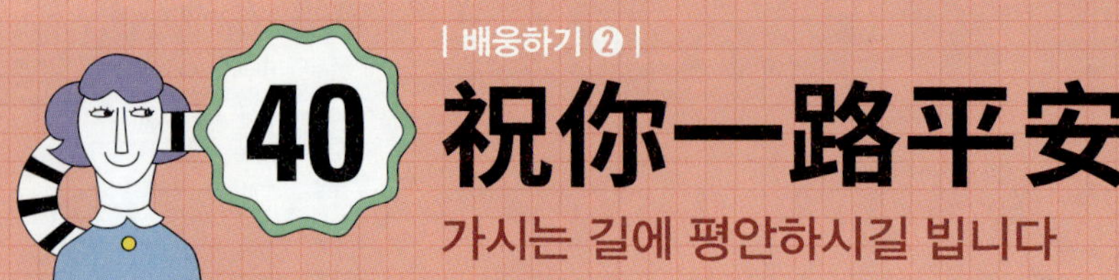

| 배웅하기 ❷ |

40 祝你一路平安

가시는 길에 평안하시길 빕니다

40-01

293 离起飞还早呢。 이륙하려면 아직 멀었습니다.
Lí qǐfēi hái zǎo ne.

294 你快坐下，喝点儿冷饮吧。 어서 앉아서 시원한 음료수 좀 마셔요.
Nǐ kuài zuòxià, hē diǎnr lěngyǐn ba.

295 你没把护照放在箱子里吧？ 여권을 트렁크 안에 넣은 거 아니지요?
Nǐ méi bǎ hùzhào fàng zài xiāngzi li ba?

296 一会儿还要办出境手续呢。 잠시 후에 출국 수속도 해야 합니다.
Yíhuìr hái yào bàn chūjìng shǒuxù ne.

297 一路上多保重。 가시는 길에 몸조심하세요.
Yílù shang duō bǎozhòng.

298 希望你常跟我们联系。 우리와 자주 연락하길 바랍니다.
Xīwàng nǐ cháng gēn wǒmen liánxì.

299 你可别把我们忘了。 우리를 잊지 마세요.
Nǐ kě bié bǎ wǒmen wàng le.

300 我到了那儿，就给你们发微信。
Wǒ dào le nàr, jiù gěi nǐmen fā wēixìn. 그곳에 도착하면 여러분에게 웨이신 보낼게요.

301 祝你一路平安！ 가시는 길에 평안하시길 빕니다!
Zhù nǐ yílù píng'ān!

새 단어 ▶40-02

冷饮 lěngyǐn 명 차가운 음료, 청량음료

出境 chūjìng 동 출국하다

一路 yílù 명 도중, 여정

保重 bǎozhòng 동 몸조심하다, 건강에 주의하다

希望 xīwàng 명동 희망, 희망하다

可 kě 부 강조를 나타냄

平安 píng'ān 형 평안하다

候机室 hòujīshì 명 공항 대합실

跑 pǎo 동 달리다

挤 jǐ 형동 붐비다, 빽빽하게 차다

耽误 dānwu 동 시간을 허비하다, 지체하다

合适 héshì 형 적당하다, 알맞다

汗 hàn 명 땀

海关 hǎiguān 명 세관

问好 wènhǎo 동 안부를 묻다

| 표현 확장 |

帽子 màozi 명 모자

牛奶 niúnǎi 명 우유

认真 rènzhēn 형 착실하다

考虑 kǎolǜ 동 고려하다, 생각하다

进步 jìnbù 동 진보하다

努力 nǔlì 형 노력하다

下班 xiàbān 동 퇴근하다

展览 zhǎnlǎn 동명 전람하다, 전시회

上班 shàngbān 동 출근하다

入境 rùjìng 동 입국하다

단원 해석·모범답안 ▶ 260쪽

회화

1 이륙하려면 아직 멀었어요 ▶40-03

刘京 离起飞还早呢。
Liú Jīng Lí qǐfēi hái zǎo ne.

玛丽 我们去候机室坐一会儿。
Mǎlì Wǒmen qù hòujīshì zuò yíhuìr.

王兰 张丽英还没来。
Wáng Lán Zhāng Lìyīng hái méi lái.

刘京 你看，她跑来了。
Liú Jīng Nǐ kàn, tā pǎolai le.

张丽英 车太挤，耽误了时间，我来晚了。
Zhāng Lìyīng Chē tài jǐ, dānwu le shíjiān, wǒ láiwǎn le.

刘京 不晚，你来得正合适。
Liú Jīng Bù wǎn, nǐ lái de zhèng héshì.

王兰 哎呀，你跑得都出汗了。
Wáng Lán Āiyā, nǐ pǎo de dōu chū hàn le.

玛丽 快坐下，喝点儿冷饮吧。
Mǎlì Kuài zuòxià, hē diǎnr lěngyǐn ba.

刘京 你没把护照放在箱子里吧?
Liú Jīng Nǐ méi bǎ hùzhào fàng zài xiāngzi li ba?

玛丽 我随身带着呢。
Mǎlì Wǒ suíshēn dàizhe ne.

王兰 你该进去了。
Wáng Lán Nǐ gāi jìnqu le.

张丽英 一会儿还要办出境手续呢。
Zhāng Lìyīng Yíhuìr hái yào bàn chūjìng shǒuxù ne.

2 우리를 잊지 말아요 40-04

王兰 给你行李，拿好。准备海关检查。
Wáng Lán Gěi nǐ xíngli, náhǎo. Zhǔnbèi hǎiguān jiǎnchá.

张丽英 一路上多保重。
Zhāng Lìyīng Yílù shang duō bǎozhòng.

刘京 希望你常跟我们联系。
Liú Jīng Xīwàng nǐ cháng gēn wǒmen liánxì.

王兰 你可别把我们忘了。
Wáng Lán Nǐ kě bié bǎ wǒmen wàng le.

玛丽 不会的。我到了那儿，就给你们发微信。
Mǎlì Bú huì de. Wǒ dào le nàr, jiù gěi nǐmen fā wēixìn.

刘京 向你全家人问好！
Liú Jīng Xiàng nǐ quán jiārén wènhǎo!

王兰 问安妮小姐好！
Wáng Lán Wèn Ānnī xiǎojiě hǎo!

大家 祝你一路平安！
Dàjiā Zhù nǐ yílù píng'ān!

玛丽 再见了！
Mǎlì Zàijiàn le!

大家 再见！
Dàjiā Zàijiàn!

표현

1 응용 표현 40-05

❶ 你没把护照放在箱子里吧?

帽子 màozi　　忘 wàng　　汽车上 qìchē shang
钥匙 yàoshi　　锁 suǒ　　房间里 fángjiān li
牛奶 niúnǎi　　放 fàng　　冰箱里 bīngxiāng li

❷ 你可别把我们忘了。

这件事 zhè jiàn shì　　耽误 dānwu
这支笔 zhè zhī bǐ　　丢 diū
那句话 nà jù huà　　忘 wàng

❸ 希望你常来信。

认真学习 rènzhēn xuéxí
好好儿考虑 hǎohāor kǎolǜ
继续进步 jìxù jìnbù
努力工作 nǔlì gōngzuò

2 확장 회화 40-06

❶ 今天我们下了班就去看展览了。
Jīntiān wǒmen xià le bān jiù qù kàn zhǎnlǎn le.

❷ 昨天我没上班，我去接朋友了。我去的时候，他正在办入境手续。
Zuótiān wǒ méi shàngbān, wǒ qù jiē péngyou le. Wǒ qù de shíhou, tā zhèngzài bàn rùjìng shǒuxù.

어법

1 '把'자문(3)

❶ '把 bǎ'자문의 부정형은 '把'의 앞에 부정부사 '没 méi'나 '不 bù'를 붙이는 것이다.

安娜没把这课练习做完。안나는 이 과의 연습문제를 다 풀지 않았다.
Ānnà méi bǎ zhè kè liànxí zuòwán.

他没把那件事告诉小张。그는 그 일을 샤오장에게 알리지 않았다.
Tā méi bǎ nà jiàn shì gàosu Xiǎo Zhāng.

今天晚上不把这本小说看完，我就不休息。
Jīntiān wǎnshang bù bǎ zhè běn xiǎoshuō kànwán, wǒ jiù bù xiūxi.
오늘 저녁에 이 소설을 다 읽지 않으면 나는 쉬지 않을 것이다.

你不把书带来怎么上课? 책을 가져오지도 않고 어떻게 수업을 듣겠니?
Nǐ bù bǎ shū dàilai zěnme shàngkè?

❷ 시간을 나타내는 부사어는 반드시 '把 bǎ'의 앞에 놓인다.

我明天一定把照片带来。나는 내일 반드시 사진을 가져올 것이다.
Wǒ míngtiān yídìng bǎ zhàopiàn dàilai.

小王昨天没把开会的时间通知大家。
Xiǎo Wáng zuótiān méi bǎ kāihuì de shíjiān tōngzhī dàjiā.
샤오왕은 어제 회의 시간을 모두에게 통지하지 않았다.

2 '……了……就'

첫 번째 동작이 끝나고 바로 이어서 두 번째 동작이 발생함을 나타낸다.

昨天我们下了课就去参观了。어제 우리는 수업이 끝나고 바로 견학하러 갔다.
Zuótiān wǒmen xià le kè jiù qù cānguān le.

他吃了饭就去外边散步了。그는 밥을 먹고 바로 바깥으로 산책을 갔다.
Tā chī le fàn jiù qù wàibian sànbù le.

明天我吃了早饭就去公园。내일 나는 아침밥을 먹고 바로 공원에 갈 것이다.
Míngtiān wǒ chī le zǎofàn jiù qù gōngyuán.

1 다음 제시된 어구를 읽고, 몇 개를 골라 문장을 만들어 보세요. 40-07

耽误学习	进步很大	很合适	努力工作
耽误时间	有进步	不合适	很努力
耽误了两天课	学习进步	合适的时间	继续努力

2 '希望'을 사용해 문장을 완성해 보세요.

1. 这次考试____________________________。
2. 你回国以后____________________________。
3. 你在医院要听大夫的话，好好儿休息，____________________________。
4. 爸爸妈妈都____________________________。
5. 我第一次来中国，____________________________。
6. 这次旅行____________________________。

3 괄호 안의 단어가 들어갈 알맞은 위치를 고르세요.

1. 她昨天 **A** 把 **B** 练习 **C** 做完。(没)
2. 他 **A** 今天晚上 **B** 把这张画儿 **C** 画完，就不休息。(不)
3. 昨天我们下 **A** 课 **B** 就去 **C** 参观 **D**。(了)
4. 他每天吃 **A** 饭 **B** 就去 **C** 外边散步。(了)

4 알맞은 단어를 골라 빈칸을 채우세요.

平安　特别　一边……一边……　演　替　为　希望　要……了

尼娜＿＿＿＿回国＿＿＿＿，我们＿＿＿＿她开了一个欢送会。那天＿＿＿＿热闹，同学们＿＿＿＿聊天儿＿＿＿＿喝茶，还＿＿＿＿了不少节目。我们说＿＿＿＿她回国以后常联系，而且＿＿＿＿我们向她全家问好，祝她一路＿＿＿＿。

5 상황에 맞게 대화를 완성하세요.

A 小李，你这次出差去多长时间?

B ＿＿＿＿＿＿＿＿＿＿＿＿。

A 出差很累，你要＿＿＿＿＿＿＿＿。

B 谢谢，我一定注意。你要买什么东西吗?

A 不买。太麻烦了。

B ＿＿＿＿＿＿＿＿，我可以顺便给你带回来。

A 不用了。祝你＿＿＿＿＿＿＿＿!

B 谢谢!

6 자유롭게 이야기해 보세요.

주제 | 谈谈你来中国的时候，朋友或家里人给你送行的情况。
(당신이 중국에 올 때 친구나 가족이 당신을 배웅하던 상황에 대해 말해 보세요.)

7 듣고 따라 말해 보세요. ▶40-08

妹妹这一次出远门，要到英国去留学。我们全家送她到机场。她有两件行李，我和爸爸替她拿。妈妈很不放心，让她路上要注意安全，别感冒，到了英国就来电话，把那儿的情况告诉我们。爸爸说妈妈说得太多了，妹妹已经不是小孩子了，应该让她到外边锻炼锻炼。妈妈说："俗话说，'儿行千里母担忧'，孩子到那么远的地方去，我当然不放心。怎么能不说呢？"

英国 Yīngguó 고유 영국 | 俗话 súhuà 명 속담, 옛말 | 儿行千里母担忧 ér xíng qiān lǐ mǔ dānyōu 자식이 먼 길을 떠나면 어머니의 걱정은 끝이 없다

8 발음을 연습하세요.

❶ 자주 쓰이는 발음 ▶40-09

shu	shūjià (书架) shǔ yi shǔ (数一数) dà shù (大树)
jiao	jiāo qián (交钱) dà jiǎo (大脚) shuìjiào (睡觉)

❷ 큰 소리로 읽기 ▶40-10

A Kàn yíxiàr nín de hùzhào hé jīpiào.
B Zěnme tuōyùn xíngli?
A Nín xiān tián yíxiàr zhè zhāng biǎo.
B Tiánwán le.
A Gěi nín hùzhào hé jīpiào, nín kěyǐ qù tuōyùn xíngli le.
B Hǎo, xièxie!

복습 8

상황 회화

1 여기까지만 배웅해 주세요 ▶fuxi 08-01

[한스와 샤오왕은 친한 친구이다. 한스가 곧 귀국하게 되어, 샤오왕은 그를 배웅하기 위해 기차역에 왔다.]

王 我们进站去吧。
Wáng Wǒmen jìn zhàn qù ba.

汉斯 你就送到这儿，回去吧。
Hànsī Nǐ jiù sòngdào zhèr, huíqu ba.

王 不，我已经买了站台票了。来，你把箱子给我，我帮你拿。
Wáng Bù, wǒ yǐjīng mǎi le zhàntái piào le. Lái, nǐ bǎ xiāngzi gěi wǒ, wǒ bāng nǐ ná.

汉斯 我拿得动。
Hànsī Wǒ ná de dòng.

王 别客气。你拿手提包，我拿箱子。你看，这就是国际列车。
Wáng Bié kèqi. Nǐ ná shǒutíbāo, wǒ ná xiāngzi. Nǐ kàn, zhè jiù shì guójì lièchē.

汉斯 我在9号车厢。
Hànsī Wǒ zài jiǔ hào chēxiāng.

王 前边的车厢就是。
Wáng Qiánbian de chēxiāng jiù shì.

2 가족들에게 안부 전해 주세요 ▶fuxi 08-02

王　汉斯，箱子放在行李架上。
Wáng　Hànsī, xiāngzi fàng zài xínglijià shang.

汉斯　这个手提包也要放在行李架上吗？
Hànsī　Zhège shǒutíbāo yě yào fàng zài xínglijià shang ma?

王　这个包放在座位下边，拿东西方便一些。
Wáng　Zhège bāo fàng zài zuòwèi xiàbian, ná dōngxi fāngbiàn yìxiē.

汉斯　现在离开车还早，你坐一会儿吧。
Hànsī　Xiànzài líkāi chē hái zǎo, nǐ zuò yíhuìr ba.

王　你的护照放在身边没有？
Wáng　Nǐ de hùzhào fàng zài shēnbiān méiyǒu?

汉斯　哟！ 我的护照怎么没有了？
Hànsī　Yō! Wǒ de hùzhào zěnme méiyǒu le?

王　别着急，好好儿想想，不会丢了吧？
Wáng　Bié zháojí, hǎohāor xiǎngxiang, bú huì diū le ba?

汉斯　对了！ 放在手提包里了。你看，我的记性真坏。
Hànsī　Duì le! Fàng zài shǒutíbāo li le. Nǐ kàn, wǒ de jìxing zhēn huài.

王 马上就要开车了，我下去了。你到了就跟我联系。
Wáng Mǎshàng jiù yào kāichē le, wǒ xiàqu le. Nǐ dào le jiù gēn wǒ liánxì.

汉斯 一定。
Hànsī Yídìng.

王 问你家里人好！ 祝你一路平安！
Wáng Wèn nǐ jiāli rén hǎo! Zhù nǐ yílù píng'ān!

汉斯 谢谢！ 再见！
Hànsī Xièxie! Zàijiàn!

fuxi 08-03

站台 zhàntái 명 플랫폼 | 国际列车 guójì lièchē 명 국제열차 | 车厢 chēxiāng 명 객실, 화물칸 | 行李架 xínglijià 명 선반 | 哟 yō 감 앗, 아니 [가벼운 놀라움을 나타냄] | 记性 jìxing 명 기억력

핵심 어법

동사의 태

1 동작의 발생

'要 yào……了 le' '快要 kuàiyào……了 le' '就要 jiùyào ……了 le'를 사용해 동작이 곧 발생할 것임을 나타낸다.

他要考大学了。 그는 대입 시험을 볼 것이다.
Tā yào kǎo dàxué le.

快要到北京了。 베이징에 곧 도착한다.
Kuàiyào dào Běijīng le.

明天就要放假了。 내일이면 방학을 한다.
Míngtiān jiùyào fàngjià le.

飞机就要起飞了。 비행기가 곧 이륙한다.
Fēijī jiùyào qǐfēi le.

2 동작의 진행

'正在 zhèngzài' '正 zhèng' '在 zài' '呢 ne' 혹은 '(正)在 (zhèng)zài……呢 ne'를 사용해 동작의 진행을 나타낸다.

我正在打电话呢。 나는 전화를 하고 있다.
Wǒ zhèngzài dǎ diànhuà ne.

她正跳舞呢。 그녀는 춤을 추고 있다.
Tā zhèng tiàowǔ ne.

A 你在写毛笔字吗? 넌 붓글씨를 쓰고 있니?
Nǐ zài xiě máobǐzì ma?

B 我没写毛笔字，我画画儿呢。 난 붓글씨를 쓰는 게 아니라, 그림을 그리고 있어.
Wǒ méi xiě máobǐzì, wǒ huà huàr ne.

3 동작 혹은 상태의 지속

동작 혹은 상태의 지속은 '着 zhe'를 써서 나타낸다. 부정형은 '没(有) méi(yǒu)……着 zhe'이다.

墙上挂着几张照片。 벽에는 몇 장의 사진이 걸려 있다.
Qiáng shang guàzhe jǐ zhāng zhàopiàn.

桌子上放着花儿，花儿旁边放着几本书。
Zhuōzi shang fàngzhe huār, huār pángbiān fàngzhe jǐ běn shū.
테이블 위에는 꽃이 놓여 있고, 꽃 옆에는 몇 권의 책이 놓여 있다.

他一边唱着歌，一边洗着衣服。 그는 노래를 하면서 옷을 빨고 있다.
Tā yìbiān chàngzhe gē, yìbiān xǐzhe yīfu.

通知上没写着他的名字。 통지서에는 그의 이름이 쓰여 있지 않다.
Tōngzhī shang méi xiězhe tā de míngzi.

4 동작의 완성

동작의 완성은 동태조사 '了 le'를 써서 나타낸다. 부정형은 '没(有) méi(yǒu)'이다.

我看了一个电影。 나는 영화 한 편을 봤다.
Wǒ kàn le yí ge diànyǐng.

我买了两支铅笔。 나는 연필 두 자루를 샀다.
Wǒ mǎi le liǎng zhī qiānbǐ.

他喝了一杯茶。 그는 차 한 잔을 마셨다.
Tā hē le yì bēi chá.

他没喝咖啡。 그는 커피를 마시지 않았다.
Tā méi hē kāfēi.

5 과거의 경험

과거의 경험은 '过 guo'를 써서 나타낸다. 부정형은 '没(有) méi(yǒu)……过 guo'이다.

我去过上海。 나는 상하이에 가 본 적 있다.
Wǒ qùguo Shànghǎi.

他以前学过汉语。 그는 전에 중국어를 배운 적이 있다.
Tā yǐqián xuéguo Hànyǔ.

他还没吃过烤鸭呢。 그는 아직 오리구이를 먹어 본 적이 없다.
Tā hái méi chīguo kǎoyā ne.

특수한 동사술어문

1 '是'자문

他是我的同学。 그는 나의 동창이다.
Tā shì wǒ de tóngxué.

前边是一个中学，不是大学。 앞에 있는 것은 중·고등학교이지, 대학교가 아니다.
Qiánbian shì yí ge zhōngxué, bú shì dàxué.

那个电视机是新的。 그 텔레비전은 새것이다.
Nàge diànshìjī shì xīn de.

2 '有'자문

我有汉语书，没有法语书。 나는 중국어책이 있고, 프랑스어책은 없다.
Wǒ yǒu Hànyǔ shū, méiyǒu Fǎyǔ shū.

我有哥哥，没有妹妹。 나는 오빠(형)가 있고, 여동생은 없다.
Wǒ yǒu gēge, méiyǒu mèimei.

他有很多小说和杂志。 그는 많은 소설과 잡지를 가지고 있다.
Tā yǒu hěn duō xiǎoshuō hé zázhì.

3 '是……的' 구문

'是 shì……的 de' 구문을 사용해 동작의 시간이나 지점, 방식 등을 강조한다.

他妹妹是昨天到这儿的。 그의 여동생은 어제 이곳에 도착했다.
Tā mèimei shì zuótiān dào zhèr de.

他是从欧洲来的。 그는 유럽에서 왔다.
Tā shì cóng Ōuzhōu lái de.

我是坐飞机去上海的。 나는 비행기를 타고 상하이에 갔다.
Wǒ shì zuò fēijī qù Shànghǎi de.

那本杂志是从李红那儿借来的。 그 잡지는 리훙에게서 빌려 온 것이다.
Nà běn zázhì shì cóng Lǐ Hóng nàr jièlai de.

4 존현문

床旁边放着一个衣柜。 침대 옆에는 옷장이 놓여 있다.
Chuáng pángbiān fàngzhe yí ge yīguì.

那边走过来一个人。 저쪽에서 한 사람이 걸어온다.
Nà biān zǒu guòlai yí ge rén.

我们班走了两个美国同学。 우리 반에서 두 명의 미국 학생이 떠났다.
Wǒmen bān zǒu le liǎng ge Měiguó tóngxué.

桌子上有一本书。 책상 위에 책 한 권이 있다.
Zhuōzi shang yǒu yì běn shū.

5 연동문

我去商店买东西。 나는 물건을 사러 상점에 간다.
Wǒ qù shāngdiàn mǎi dōngxi.

我有一个问题要问你。 나는 너에게 물어볼 질문이 하나 있다.
Wǒ yǒu yí ge wèntí yào wèn nǐ.

我没有钱花了。 나는 쓸 돈이 없다.
Wǒ méiyǒu qián huā le.

他们去医院看一个病人。 그들은 한 환자를 문병하러 병원에 간다.
Tāmen qù yīyuàn kàn yí ge bìngrén.

6 겸어문

老师让我们听录音。 선생님이 우리에게 녹음을 들으라고 하셨다.
Lǎoshī ràng wǒmen tīng lùyīn.

他请我吃饭。 그는 나를 식사에 초대했다.
Tā qǐng wǒ chī fàn.

外边有人找你。 바깥에서 누군가 너를 찾는다.
Wàibian yǒu rén zhǎo nǐ.

7 '把'자문

他把那支笔送给玛丽了。 그는 그 펜을 메리에게 빌려주었다.
Tā bǎ nà zhī bǐ sòng gěi mǎlì le.

他想把这件事告诉小王。 그는 이 일을 샤오왕에게 알리고 싶어 한다.
Tā xiǎng bǎ zhè jiàn shì gàosu Xiǎo Wáng.

别把东西放在门口。 물건을 입구에 놓지 마세요.
Bié bǎ dōngxi fàng zài ménkǒu.

他没把那本小说还给小刘。 그는 그 소설을 샤오리우에게 돌려주지 않았다.
Tā méi bǎ nà běn xiǎoshuō huángěi Xiǎo Liú.

她把孩子送到医院了。 그녀는 아이를 병원으로 데리고 갔다.
Tā bǎ háizi sòng dào yīyuàn le.

실전연습

1 실제 상황에 근거해 질문에 대답해 보세요.

❶ 你回国的时候，怎么向中国朋友和中国老师告别？
(在中国学习、生活觉得怎么样，怎么感谢他们的帮助等等)

❷ 你参加过什么样的告别活动？
(欢送会、吃饭、照相、演节目等等)

2 제시된 문장으로 회화를 연습해 보세요.

❶ 작별 인사하기

我来向你告别。	日子过得真快。
我要……了。	哪天走?
谢谢你对我的照顾。	真舍不得啊!
给你们添了不少麻烦。	对你的照顾很不够。
不用送。	你太客气了。
哪儿的话!	准备得怎么样了?
没什么。	……都收拾好了吗?
不用谢。	我帮你……

❷ 배웅하기

祝你一路平安!	路上多保重。
问……好!	希望我们常联系。

❸ 짐 부치기

这儿能托运吗?	运什么?
可以海运吗?	运到哪儿?
要多长时间?	您的地址、姓名?
运费怎么算?	请填一下儿表。
	按照……收费。

3 상황에 맞게 대화를 완성하세요.

A 你什么时候走?

B ______________________________。

A ______________________________?

B 都托运了。谢谢你的照顾。

A ______________________________，照顾得很不够。

B ______________________________。

A 我一定转告。请问你们全家好。

B ______________________________，我也一定转告。

A 祝你______________________________！ 再见!

B ______________________________。

4 발음을 연습하세요.

❶ 성조 연습 : 제1성+제4성 ▷fuxi 08-04

bāngzhù (帮助)

xiānghù bāngzhù (相互帮助)

xīwàng xiānghù bāngzhù (希望相互帮助)

❷ 큰 소리로 읽기 ▷fuxi 08-05

A Wǒ kuài huí guó le, jīntiān lái xiàng nǐ gàobié.

B Shíjiān guò de zhēn kuài! Shénme shíhou zǒu?

A Hòutiān xiàwǔ liǎng diǎn bàn.

B Xīwàng wǒmen yǐhòu hái néng jiànmiàn.

A Xièxie nǐ hé dàjiā duì wǒ de zhàogù.

B Nǎr de huà, nǐ tài kèqi le. Hòutiān wǒ qù sòng nǐ.

A Búyòng sòng le.

B Bié kèqi.

단문독해 ▶fuxi 08-06

今天晚上有中美两国的排球赛。这两个国家的女排
Jīntiān wǎnshang yǒu ZhōngMěi liǎngguó de páiqiú sài. Zhè liǎng ge guójiā de nǚ pái

打得都很好。我很想看，可是买不到票，只能在宿舍看电视了。
dǎ de dōu hěn hǎo. Wǒ hěn xiǎng kàn, kěshì mǎi bu dào piào, zhǐnéng zài sùshè kàn diànshì le.

这次比赛非常精彩。两局的结果是1比1。现在是第三局，
Zhè cì bǐsài fēicháng jīngcǎi. Liǎng jú de jiéguǒ shì yī bǐ yī. Xiànzài shì dì sān jú,

已经打到12比12了，很快就能知道结果了。正在这时候，
yǐjīng dǎdào shí'èr bǐ shí'èr le, hěn kuài jiù néng zhīdao jiéguǒ le. Zhèngzài zhè shíhou,

王兰走了进来，告诉我有两个美国人在楼下大厅等我。
Wáng Lán zǒu le jìnlai, gàosu wǒ yǒu liǎng ge Měiguórén zài lóuxià dàtīng děng wǒ.

他们是刚从美国来的。我不能看排球赛了，真可惜！
Tāmen shì gāng cóng Měiguó lái de. Wǒ bù néng kàn páiqiú sài le, zhēn kěxī!

我一边走一边想，这两个人是谁呢？对了，姐姐发来电子
Wǒ yìbiān zǒu yìbiān xiǎng, zhè liǎng ge rén shì shéi ne? Duì le, Jiějie fā lái diànzǐ

邮件说，她有两个朋友要来北京，问我要带什么东西。
yóujiàn shuō, tā yǒu liǎng ge péngyou yào lái Běijīng, wèn wǒ yào dài shénme dōngxi.

很可能就是我姐姐的朋友来了。
Hěn kěnéng jiù shì wǒ jiějie de péngyou lái le.

我来到大厅一看，啊！是我姐姐和她的爱人。我高兴极了。
Wǒ lái dào dàtīng yí kàn, à! Shì wǒ jiějie hé tā de àiren. Wǒ gāoxìng jí le.

马上又问她："你们来，为什么不告诉我？"他们两个都笑了。
Mǎshàng yòu wèn tā: "Nǐmen lái, wèi shénme bú gàosu wǒ?" Tāmen liǎng ge dōu xiào le.

姐姐说："要是先告诉你，就没有意思了。"
Jiějie Shuō: "Yàoshi xiān gàosu nǐ, jiù méiyǒu yìsi le."

局 jú 양 판, 번, 경기 | 结果 jiéguǒ 명 결과, 스코어 | 发 fā 동 보내다 | 笑 xiào 동 웃다

단원별 해석 및 모범답안

21 참석해 주세요

회화

1

메리 여보세요, 베이징대학 중문과죠?

중문과 네. 중문과입니다. 누구를 찾으시나요?

메리 리홍 교수님 계세요?

중문과 안 계세요. 수업 중이신데, 무슨 일로 찾으시나요?

메리 수업 끝나시면 저에게 전화 좀 부탁드린다고 전해 주세요. 저는 메리라고 합니다.

중문과 네. 꼭 전해 드리겠습니다. 교수님께서 당신의 전화번호를 알고 계시나요?

메리 아세요. 감사합니다!

중문과 별말씀을요.

2

리홍 여보세요, 메리니? 좀 전에 나한테 전화했었니?

메리 네. 지금 뭐하고 계세요?

리홍 쉬고 있어.

메리 내일 저녁에 크리스마스 파티가 있다고 알려드리려고요. 참석해 주세요.

리홍 좋아, 꼭 갈게.

메리 저녁 8시에 여우이 호텔 입구에서 기다릴게요.

리홍 왕 교수님도 가시니?

메리 네. 남편분과 같이 오신대요.

리홍 그거 잘됐네!

표현

1 응용 표현

❶ **내가 꼭 그녀에게 전해 줄게요.**
내가 꼭 그녀에게 알려 줄게요.
내가 꼭 그녀에게 알릴게요.
내가 꼭 그녀를 부를게요.
내가 꼭 그녀를 도울게요.

❷ **A 지금 당신은 무엇을 하고 있어요?**
B 쉬고 있어요.
B 사진을 찍고 있어요.
B 신문을 보고 있어요.
B 춤을 추고 있어요.
B 위챗 메시지를 보내고 있어요.
B 숙제를 하고 있어요.
B 녹음을 듣고 있어요.
B 텔레비전을 보고 있어요.
B 인터넷을 하고 있어요.

❸ **내일 저녁에 크리스마스 파티가 있어요.**
일요일에 신년 파티가 있어요.
토요일 저녁에 댄스 파티가 있어요.
새해에 음악회가 있어요.

2 확장 회화

❶ 안에서는 신년 파티가 열리고 있고, 그들은 노래를 부르고 있어요. 빨리 들어가세요.

❷ 내일 오전에 견학을 가는데, 8시에 유학생 기숙사 앞에서 차를 탑니다. 공지해 주세요.

연습문제

1 ❶ 今天有舞会，他们正在跳舞呢。
❷ 你看，玛丽正在打电话呢。
❸ 今天天气不错，王兰和她的朋友正在照相呢。
❹ 和子正在洗衣服呢。

2 ❶ 刚才我去教室的时候，他正在学汉语呢。
❷ 昨天我去他宿舍的时候，他正在睡觉呢。

③ 今天我去看他的时候，他正在喝咖啡呢。

④ 今天我到动物园的时候，他正在看大熊猫呢。

⑤ 刚才我到车站的时候，他正在等汽车呢。

⑥ 昨天我到银行的时候，他正在换钱呢。

3 王 是小明家吗?

A 对。请问你找谁?

王 我找小明。我是王兰。

A 小明，电话!

B 喂，你好，我是小明。

王 小明，我是王兰。今天有时间的话，我们去看电影好吗?

B 好。什么时候去?

王 下午三点。

4 ① A 今天晚上有音乐会，你想和我一起去吗?

B 好啊，是什么音乐会?

A 是新年音乐会，很好的。

B 那我们几点见面?

A 我们六点半在友谊宾馆前见面。

B 怎么去呢?

A 从友谊宾馆坐车去，一刻钟就到了。

② A 今天晚上你有时间吗? 我想请你吃饭。

B 好啊，去哪儿?

A 就在学校旁边的饭店，我请你吃烤鸭。

B 好的，我们几点见面?

A 今天晚上六点怎么样?

B 可以，我们就在饭店门口见吧。

A 好的，晚上见。

5 해석

한스가 왔다. 오늘 우리 회사에서는 그를 환영회에 초대했다.

오후 2시, 통역사인 샤오왕이 그에게 전화를 걸어 5시 반에 방에서 우리를 기다리면 차를 몰아 그를 데리러 가겠다고 알려 주었다.

환영회는 잘 치러졌고, 모두의 우정과 건강을 위해 건배를 했다. 마치 한 가족 같았다.

22 나는 갈 수 없습니다

회화

1

장리잉 내가 표 두 장을 샀어. 경극 보러 가자.

메리 그래? 언제 하는 건데?

장리잉 내일 저녁 7시 15분이야.

메리 아이고! 정말 공교롭게도 난 갈 수가 없어. 모레 시험이어서 저녁에 복습해야 하거든.

장리잉 그럼 나중에 다시 이야기하자.

2

왕란 내일 오후에 우리 영화 보러 가는데, 너 갈 수 있어?

데이비드 가고 싶은데, 내일은 약속이 있어.

왕란 왜? 여자 친구랑 데이트해?

데이비드 아니야, 학교 친구가 오기로 해서 그를 기다려야 해.

왕란 그 애도 베이징에서 공부하니?

데이비드 아니, 프랑스에서 막 왔어. 우리는 몇 년 동안 만나지 못했어.

왕란 그 친구랑 놀아야겠구나.

데이비드 이번 주에는 시간이 없어. 우리 다음 주에 영화 보러 가자.

표현

1 응용 표현

① **나는 표 두 장을 샀다.**

나는 두 문장을 번역했다.

나는 이메일 두 통을 작성했다.

나는 두 회의에 참석했다.

나는 택시 두 대를 불렀다.

② **우리는 몇 년 동안 만나지 못했다.**

우리는 며칠 동안 만나지 못했다.

우리는 몇 개월 동안 만나지 못했다.

우리는 오랫동안 만나지 못했다.

우리는 몇 주 동안 만나지 못했다.

❸ **당신은 그랑 좀 놀아 주어야 해요.**

당신은 그를 데리고 참관해야 해요.

당신은 그를 대신해서 좀 물어봐 주어야 해요.

당신은 그가 복습하는 것을 도와야 해요.

당신은 그에게 소개를 청해야 해요.

2 확장 회화

❶ 내가 너를 찾아가려던 참인데, 네가 마침 오다니. 타이밍 절묘하네.

❷ A 저 아가씨 참 예쁘다. 누구야?
B 그녀는 저 키 큰 사람의 여자 친구야.

연습문제

1 ❶ 他六十岁了，可是他还在工作。
❷ 今天我去小王家找他，可是他不在家。
❸ 他学汉语的时间不长，可是他汉语说得非常好。
❹ 这种苹果不贵，可是很好吃。
❺ 我请小王去看电影，可是他说没有时间。

2 ❶ A | 昨天我复习了两课生词。
❷ A | 我和小王一起参观了天安门。
❸ A | 他两年没来中国了。
❹ A | 你一个星期能看完这本书吗?

3 ❶ 昨天晚上我喝了一瓶啤酒。
❷ 星期天我们去公园照了很多照片。
❸ 昨天下午我复习了两课生词。
❹ 刚才我翻译了几个句子。
❺ 今天上午老师开了一个会。
❻ 今天我买了一辆车。

4 ❶ A 今天晚上有舞会，你能去吗?
B 大概不行。
A 为什么?
B 学习太忙，没有时间。
A 你知道王兰能去吗?
B 她也有考试，也不能去。
A 真不巧。

❷ A 圣诞节晚会你唱个中文歌吧。
B 我不会唱歌。
A 别客气。
B 不是客气，我真的不会唱中文歌。
A 我听你唱过。
B 那是英文歌。

5 ❶ A 星期天你有时间吗? 我们一起去爬长城吧。
B 星期天我有约会了，不能和你一起去，真不好意思。
A 真不巧。

❷ A 明天晚上你有时间吗? 我想请你去跳舞。
B 可是我不会跳舞。
A 真不巧。

6

昨天晚上王兰陪玛丽去看京剧。她们从学校门口坐331路公共汽车去。太巧了，她们刚走到车站，车就来了。车上人不多，她们很顺利。

京剧演得很好，很有意思。

 미안합니다

회화

1

데이비드 미안해, 오래 기다렸지.

메리 8시에 약속했는데, 왜 8시 반이 되어서야 온 거니?

데이비드 늦어서 정말 미안해. 오는 도중에 전동 자전거가 고장 났어.

메리 수리했어?

데이비드 수리했어.

메리 네가 안 오는 줄 알았어.
데이비드 약속했는데 내가 어떻게 안 올 수가 있겠니?
메리 우리 빨리 극장에 들어가자.
데이비드 그래.

2

메리 리우징, 네 사전을 돌려줄게. 너무 오랫동안 썼네. 미안해!
리우징 괜찮아. 네가 써.
메리 고맙지만 괜찮아. 나 일요일에 새 소설을 한 권 샀어.
리우징 영문으로 된 거니, 중문으로 된 거니?
메리 영문으로 된 거야. 아주 재미있어.
리우징 내가 읽고 이해할 수 있을까?
메리 넌 영어를 잘하니까 이해할 수 있을 거야.
리우징 그러면 나 좀 빌려줄래?
메리 당연하지.

표현

1 응용 표현

❶ **우리 빨리 극장에 들어가자.**
우리 빨리 엘리베이터에 타자.
우리 빨리 식당에 들어가자.
우리 빨리 학교에 돌아가자.
우리 빨리 집에 돌아가자.
우리 빨리 위층에 올라가자.
우리 빨리 아래층에 내려가자.

❷ **이 소설을 내가 보게 빌려줄 수 있어요?**
이 전동 자전거를 내가 타게 빌려줄 수 있어요?
이 카메라를 내가 쓰게 빌려줄 수 있어요?
이 펜을 내가 쓰게 빌려줄 수 있어요?
이 딱풀을 내가 쓰게 빌려줄 수 있어요?

2 확장 회화

❶ 그 보이스펜이 고장 났습니다.

❷ A 미안해. 네 노트를 더럽혔어.
B 괜찮아.

연습문제

1 A 小王，你的自行车修好了吗?
B 还没修好呢。你要用吗?
A 是。我想借一辆自行车，还没借到。
B 小刘有一辆，你去问问他。
A 问过了，他的自行车也弄坏了。
B 真不巧。

2 ❶ A 小刘，你快下来吧，我在楼下等你。
B 我现在就下去。

❷ A 八点了，你怎么还不起来?
B 今天星期天，我想晚一点儿起来。

❸ A 小王在吗?
B 他不在。他回家去了。
A 他什么时候回家去的?
B 不知道。

❹ A 外边太冷，我们到里边去吧。
B 刚从里边出来，一会儿再进去吧。

3 ❶ A 老师，对不起，我来晚了。
B 上课十分钟了，为什么来晚了?
A 今天起得晚了。
B 以后早点儿起床。请坐!
A 好的，谢谢老师。

❷ A 请借我用一下儿你的自行车。
B 刘京借去了。
A 他什么时候能还你?
B 我也不知道，我去问问他。
A 不用了，我去借小王的吧。
B 真抱歉。

4 ❶ A 真抱歉，我弄坏了你的自行车。
B 没关系，可以修好。
A 修车费我会给你的。
B 不用，你太客气了。
A 这是应该的。

❷ **A** 可以借你的照相机用用吗?
B 小王借去了, 还没还给我。
A 真不巧, 我再问问别人吧。

5 **해석**

나와 샤오왕은 오늘 저녁 술집에 가서 술을 마시기로 했다. 오후에 우리 둘은 먼저 여우이 상점에 가서 물건을 샀다. 여우이 상점에서 나온 후, 나는 친구를 보러 갔고 샤오왕은 왕푸징에 갔다. 나는 친구 집에서 저녁을 먹고, 6시 반이 되어서야 나왔다. 술집 입구에 도착했을 때는 이미 7시가 지났고, 샤오왕이 입구에서 나를 기다리고 있었다. 내가 "너무 늦게 와서 정말 미안해. 용서해 줘."라고 말했더니, 그는 "괜찮아."라고 대답했다. 우리는 함께 술집으로 들어갔다.

24 그를 만나지 못해 정말 아쉽습니다

회화

1

니나 내가 이틀 동안 없었는데, 바닥이 어째서 엉망진창이지?
장리잉 너 출장 가면서 창문을 안 닫았던 거 아니야? 어제 바람이 세게 불었어.
니나 어머, 닫는 걸 잊었어. 야단났네!
장리잉 앞으로 외출할 때는 창문을 꼭 잘 닫도록 해.
니나 봐, 꽃병도 떨어져서 깨졌어.
장리잉 데이비드가 너에게 선물한 거 말이야?
니나 맞아, 그가 나에게 준 생일 선물이야.
장리잉 너무 아깝다!

2

리우징 이성일이 어제 귀국했어.
가즈코 난 왜 몰랐지?
리우징 회사에 급한 일이 있어서, 그에게 즉시 귀국하라고 했대.
가즈코 정말 공교롭게 되었네. 그를 찾을 일이 있었는데.
리우징 어제 나와 그가 너에게 전화를 했었는데, 휴대전화가 꺼져 있더라고.
가즈코 아니, 충전하는 걸 깜박해서 휴대전화 배터리가 없었어.
리우징 그가 자주 연락하라고 너에게 전해 달래.
가즈코 그를 만나지 못해서 정말 아쉽네.

표현

1 응용 표현

❶ **회사가 그에게 즉시 귀국하도록 했다.**
사장이 그에게 즉시 출장 가도록 했다.
선생님이 그에게 즉시 단어를 번역하도록 했다.
메리가 그에게 즉시 창문을 닫도록 했다.

❷ **그가 자주 연락하라고 당신에게 전해 달래요.**
그가 곧 회의에 간다고 당신에게 전해 달래요.
그가 자주 전화하라고 당신에게 전해 달래요.
그가 내일 만나자고 당신에게 전해 달래요.
그가 귀국한다고 당신에게 전해 달래요.
그가 자주 이메일 보내라고 당신에게 전해 달래요.

2 확장 회화

❶ 왕 선생님은 상하이에 출장 가셨어, 그렇지 않니?
❷ 우리 집 꽃이 모두 피었어요. 빨간색, 노란색, 흰색 꽃이 있는데, 굉장히 예뻐요.

연습문제

1 真可惜, 花瓶都摔碎了。
昨天的京剧你没看真遗憾。
老师让我去图书馆还书。
我让小王帮我修自行车。

2 ❶ **A** 听说你的手机坏了。
B 是啊, 上个月刚买的。
A 真可惜。

❷ A 昨天晚上的杂技好极了，你怎么没去看?
B 我有急事，太遗憾了。
A 听说这个星期六还演呢。
B 那我一定去看。

3 ❶ 他是不是回家了?
❷ 是不是天气不好?

4 ❶ 我的汉语说得不太好。
❷ 昨天的课我复习了。
❸ 今天出门的时候，窗户没关好。
❹ 我有遗憾的事。

5 해석

어제는 일요일이었다. 아침에 장 선생님은 장을 보러 갔다. 점심에 그의 아내는 몇 가지 요리를 해서, 친구들을 초대해 집에서 식사할 것이다.

금방 장을 봐서 돌아왔다. 붉은 것, 푸른 것, 하얀 것, 노란 것……. 아내가 보고 말하길 "이 채소들은 신선하고 보기에도 좋네요." 장 선생님이 말했다. "맛있을지 맛없을지는 당신이 어떻게 하느냐에 달렸어요." 그의 아내가 말했다. "사 오라고 한 고기는요? 고기가 없는데 내가 어떻게 만드나요?" 장 선생님이 말했다. "야단났군, 산 고기를 안 들고 왔네요. 돈만 내고 그냥 왔네요." 그의 아내가 말했다. "그러면 어서 가서 찾아요. 오늘 요리가 맛있을지 맛없을지는 당신에게 달렸네요."

25 이 그림은 정말 아름답습니다!

1

왕란 방을 정말 잘 꾸몄네.
메리 무슨, 그냥 그렇지.
왕란 책상을 이곳에 놓으니까 글씨를 쓰거나 책을 보기에 좋은 것 같아.
메리 네가 보기에 옷장을 침대 옆에 놓으니까 어때?
왕란 좋아. 물건을 꺼내기도 편하겠어. 소파를 책상 동쪽에 놓아도 아주 잘 어울린다. 이 그림 정말 아름답다!
메리 그래? 최근에 샀어.
왕란 네 방은 깨끗하고 예쁘구나. 오늘 누가 오니?
메리 아무도 안 와. 곧 새해잖아.
왕란 아! 내일 저녁에 음악회가 있어.
메리 정말? 그럼 우리 내일 저녁에 음악 들으러 가자.

2

왕란 너 오늘 정말 예쁘게 입었네!
메리 그래? 새해가 되었잖아. 네 옷이 더 예쁜데, 어디에서 산 거야?
왕란 산 게 아니라 우리 엄마가 만든 거야.
메리 너희 어머니 솜씨가 정말 좋으시구나! 디자인도 아주 좋다.
왕란 나도 괜찮은 거 같아.
리우징 이 색깔 마음에 든다.
메리 마음에 들면 네 여자 친구에게 한 벌 만들어 줘.
리우징 아직 여자 친구가 없는걸.

1 응용 표현

❶ **당신의 방은 깨끗하고 예쁘네요.**
당신의 영어책은 쉽고 재미있네요.
당신의 옷은 싸고 예쁘네요.
당신의 여자 친구는 키가 크고 예쁘네요.

❷ **이 옷은 산 게 아니라 우리 엄마가 만든 거예요.**
이 음식은 산 게 아니라 내가 직접 만든 거예요.
이 그림은 산 게 아니라 친구가 그린 거예요.
이 자전거는 산 게 아니라 우리 형이 빌린 거예요.

❸ **나는 이 색깔이 마음에 들어요.**
나는 이 아이가 마음에 들어요.
나는 이 꽃들이 마음에 들어요.
나는 이 사진이 마음에 들어요.

나는 이 차가 마음에 들어요.
나는 이 연필이 마음에 들어요.
나는 이 손목시계가 마음에 들어요.

2 확장 회화

❶ 만약 내일 날씨가 좋으면 우리는 공원에 가서 배를 탈 것이다.

❷ A 오늘 저 두 사람 왜 저렇게 예쁘게 차려 입었지?
B 결혼하잖아.

연습문제

1 ❶ 北海公园又干净又漂亮。
❷ 要是天气好，我就去公园玩儿。
❸ 我喜欢这件衣服的颜色。
❹ 这套书不是我的，是刘京的。

2 ❶ 这个句子很简单，大家都会翻译。
❷ 她很会做中国菜，她做的鱼好吃极了。
❸ 今天天气真好，听说明天天气更好。我们应该出去玩儿玩儿。
❹ 你这张照片太漂亮了，人很漂亮，那些花儿也很美。

3 ❶ 那个商店的东西又便宜又好。
❷ 这种橘子又好吃又不贵。
❸ 要是我有钱，我就可以买很多东西。
❹ 要是明天天气不好，我们就不去爬长城了。

4 ❶ A 你的字写得真好！
B 马马虎虎，你写得更好。
A 哪儿啊，我刚学。

❷ A 你看，这套西服怎么样？
B 挺好看的，贵吗？
A 不太贵。
B 那太好了，还有吗？
A 怎么？你也想买吗？
B 是啊，我想买一套送给我的弟弟。

5 해석

메리의 스웨터는 신장에서 생산된 것으로, 디자인도 좋고, 색깔도 예쁘다. 데이비드는 신장의 과일과 음식도 아주 맛있다고 했다. 메리는 그 말을 듣고 너무 기뻤다. 그녀는 데이비드와 올 7월에 신장에 가기로 약속했다. 신장에서는 놀 수도 있고, 맛있는 것도 먹을 수 있다. 데이비드는 메리에게 너무 많이 먹지 말라고 했다. 만약 너무 많이 먹으면, 돌아온 후에 그 스웨터를 입을 수 없을 것이다.

복습 5

상황 회화

1

A 방금 샤오린이 널 찾아왔었는데, 네가 없었어.
B 친구네 갔다가 지금 막 돌아왔어. 무슨 일 있어?
A 다음 주 토요일에 결혼한다고 결혼식에 참석해 달라고 너에게 전해 달라고 하더라.
B 정말? 그렇다면 꼭 가야지. 난 아직 중국인의 결혼식에 참석해 본 적이 없거든.
A 다음 주 토요일에 내가 올게. 우리 같이 가자.
B 좋아.

2

A 왜 그래? 어디 아파?
B 응. 정말 아쉽지만 난 오늘 샤오린의 결혼식에 참석할 수 없을 거 같아.
A 기숙사에서 쉬도록 해. 나 혼자 갈게. 안녕!
B 안녕!

3

A 들어가도 될까요?
B 들어오세요.
A 누가 왔는지 봐 봐.
B 아, 샤오린! 미안해. 그날 내가 아파서, 네 결혼식에 참석할 수가 없었어.
린 괜찮아. 몸은 다 나았어?

B 다 나왔어.

린 오늘 너에게 결혼식 사탕을 주러 왔어.

B 고마워! 듣자 하니 네 아내가 아주 예쁘다던데.

A 그녀는 노래도 잘하고 춤도 잘 춰. 그날 노래 부르는데, 정말 듣기 좋았어. 그날 두 사람이 사탕 한 개를 같이 먹는 이벤트도 선보였는걸.

린 그의 말을 듣지 마.

B 그거 키스한 거지?

A 응. 중국인들은 다른 사람 앞에서 키스를 안 하잖아. 이건 결혼할 때 다들 장난으로 그러는 거야.

실전 연습

1 ❶ 现在我正在上课，昨天这个时候我在复习。

❷ 放假的时候，我去了长城、北海公园，我还买了好吃的东西。

❸ 我汉语说得不太好，我会写汉字。

❹ 我有一件遗憾的事，我还不会唱中国歌。

2 ❶ A 你今天穿的衣服好看极了。

B 哪儿啊！

A 你的房间又干净又漂亮。

B 马马虎虎！

❷ A 对不起，我来晚了。

B 没关系。

A 真抱歉，弄坏了你的自行车。

B 没什么。

❸ A 真遗憾，你昨天没和我们一起去爬长城。

B 昨天我有考试。

A 那件衣服又漂亮又不贵，你没买太可惜了！

B 我没带钱。

3 ❶ A 喂，玛丽吗？今天我请你吃晚饭。

B 真的吗？去哪儿吃饭？

A 北京饭店。晚上七点我去接你。

B 不用接我，七点我自己去。

❷ A 昨天的话剧好极了，你怎么没去看啊？

B 昨天我有事。太可惜了！ 这个星期还演吗？

A 可能还演，你可以打电话问问。

단문 독해

나는 어제저녁에 베이징에 도착했다. 오늘 아침 내가 누나에게 나가서 놀겠다고 했더니 누나가 말했다. "피곤하잖아. 어제저녁에도 잠을 잘 자지 못했으니, 오늘은 집에서 쉬어. 내일 내가 너를 데리고 놀러 나갈게." 나는 집에 있으니 심심해서 누나가 물건을 사러 나갔을 때 나도 혼자 밖으로 나갔다.

베이징은 매우 큰 도시인데다가 또 처음 와 본 곳이라 길도 잘 몰랐다. 그러다 어느 공원 입구까지 걸어가게 되었고, 그대로 안으로 들어갔다.

공원에는 꽃들이 아주 예쁘게 피어 있었다. 잠시 놀고 나니 피곤해서, 나는 벤치에 앉아 쉬었다.

"이봐요. 곧 문을 닫으니까 어서 돌아가세요!" 공원에서 한 사람이 나에게 외쳤다. 아이고, 방금 잠이 들었나 보다. 이미 시간이 너무 늦어서 누나가 분명히 나를 찾고 있을 텐데, 빨리 집으로 돌아가야겠다.

26 축하합니다

회화

1

리우징 이번 시험 성적은 어때?

데이비드 그런대로 괜찮아. 필기시험은 90점, 구술시험은 85점이야.

메리 너 알고 있니? 그의 성적이 반 전체에서 1등이야.

리우징 시험을 정말 잘 봤구나. 축하해!

데이비드 메리도 잘 봤어.

메리 리우징과 왕란이 도와줘서 고맙지.

2

메리	왕란, 생일 축하해!
리우징	우리가 생일 케이크를 가져왔어. 항상 건강하길 바란다!
왕란	고마워!
데이비드	이건 내가 너에게 주는 꽃이야.
왕란	꽃 정말 예쁘다.
데이비드	니나는 일이 있어서 못 왔어.
왕란	알아. 그녀가 나에게 위챗을 보냈어.
가즈코	너에게 선물을 하나 가져왔어. 받아.
리우징	그녀가 준 것이 뭔지 알겠니?
왕란	모르겠는데.
가즈코	상자를 열어 봐.
왕란	아, 강아지네.
리우징	이거 정말 귀엽다!

표현

1 응용 표현

❶ 생일 축하합니다!
즐거운 생일 보내세요!
건강하세요!
행복하세요!
일이 순조롭기를 바랍니다!

❷ **상자를 열어서 보세요.**
옷장을 열어서 찾아보세요.
창문을 열어서 보세요.
메일함을 열어서 보세요.
문을 열어서 보세요.

❸ **이거 너무 귀엽다!**
이 공원 너무 아름답다!
이 문제 너무 어려워!
이 생선 정말 맛있다!
이곳 정말 재미있다!

2 확장 회화

❶ 오늘 메리의 친구가 결혼한다. 메리는 그들을 축하하는 위챗 메시지를 보냈다.

❷ 즐거운 신혼 보내시고, 행복하세요!

연습문제

1 祝你们全家生活幸福。
今天是你的生日，送你一个生日礼物。
明天六点就要来学校，你来得了吗？

2 ❶ 这件衣服的颜色多漂亮啊。
❷ 上课的时候，我去晚了，你知道我多不好意思啊！
❸ 你没去过长城？那多遗憾啊！
❹ 你爸爸，妈妈都很健康，你们全家多幸福啊！
❺ 你新买的自行车坏了，多可惜啊！

3 ❶ A 听说你的两张画儿参加了画展，祝贺你！
B 谢谢！ 欢迎参观。

❷ A 明天要考试了。
B 祝你考出好成绩！

❸ A 我妈妈来了，我明天陪她出去玩儿玩儿。
B 祝你们玩儿得愉快！

4 ❶ 房间里太热了，请打开窗户。
❷ 这是他给你的礼物，请收下。
❸ 我的手表坏了，修得好吗？
❹ 这么多菜，我们吃不了。
❺ 这件衣服真脏，洗得干净吗？
❻ 明天的会你参加得了吗？

5 ❶ A 你这次考得真好，祝贺你！
B 谢谢。

❷ A 祝你和爱人生活幸福！
B 谢谢。

6 **해석**

지난주 영어과 학생들은 영어로 노래를 부르고 연극을 공연했는데, 왕란과 리우징이 참가했다. 그들의 영어 실력은 좋았고, 노래 실력은 더 훌륭했다. 나중에 우리도 중국어로 연극을 할 수 있다면 좋을 것이다.

리우징의 반에서 한 연극 공연이 전체 1등을 하고, 왕란은 노래 부르기에서 3등을 했다. 우리는 매우 기뻐하며 가서 그들을 축하해 주었다.

27 담배를 피우지 마세요

회화

1

리훙 장 선생님, 왜 그러세요?

라오장 별거 아니에요. 기침이 좀 나서요.

리훙 담배 피우지 마세요.

라오장 많이 피우지는 않아요.

리훙 건강에도 좋지 않아요.

라오장 나도 안 피우고 싶은데, 힘드네요.

리훙 시간이 지나면 곧 익숙해지실 거예요.

라오장 좋아요. 한번 해 볼게요. 오늘은 우선 약을 좀 먹어야겠어요.

리훙 병원에 가 보세요.

2

왕란 너는 차를 너무 빨리 모는구나. 이러면 위험해.

데이비드 일이 있어서 빨리 가야 해.

왕란 그래도 이렇게 빨리 달리면 안 돼.

데이비드 괜찮아. 나 운전 잘하거든.

왕란 차를 급히 몰면 사고가 나기 쉬워. 어제 칭화대학 앞에서 교통사고가 났었어.

데이비드 정말?

왕란 안전에 주의해야 해!

데이비드 알았어. 앞으로 차를 빨리 몰지 않을게.

표현

1 응용 표현

❶ **담배를 피우지 마세요.**
그곳에 가지 마세요.
술을 마시지 마세요.
차를 빨리 몰지 마세요.
지각하지 마세요.

❷ **당신은 차를 너무 빨리 운전합니다.**
당신은 글씨를 너무 느리게 씁니다.
당신은 잠을 너무 늦게 잡니다.
당신은 너무 빨리 일어납니다.
당신은 중국어를 너무(/정말) 빨리 말하네요.

2 확장 회화

❶ 난 머리가 아프고 기침이 난다. 감기에 걸린 것 같다. 좀 있다가 병원에 가서 진찰을 받아야겠다.

❷ 모든 사람은 교통 안전에 주의해야 한다.

❸ 아이들은 도로에서 놀면 안 된다.

❹ 장시간 휴대전화를 보는 것은 눈에 좋지 않다.

연습문제

1 ❶ 这件衣服有点儿长，请换一件短点儿的。
❷ 刚来中国的时候，我生活有点儿不习惯，现在习惯一点儿了。
❸ 现在这么忙，你应该注意点儿身体。
❹ 你病了，得去医院看看，吃点儿药。
❺ 他刚才喝了点儿酒，头有点儿疼，现在已经好点儿了。

2 ❶ A 我想骑车去北海公园。
B 路太远，骑车去有点儿累。
A 骑的时候慢点儿，我不累。
B 路上车多人多，要注意安全。
A 我会的。

② A 我们唱唱歌吧。
B 别唱歌了，现在十一点了，大家都要休息了。
A 好，我听你的。

3 ① 管理员 您好，这里不可以拍照。
游客 对不起，我不知道。
管理员 没关系。

② 警察 您好，在中国骑自行车的时候不可以带人。
A 对不起，我马上让朋友下车。
警察 下次请注意安全。
A 好的，谢谢。

4 ① 我们班来了两个新同学。
② 桌子上放着一支铅笔，一个本子。
③ 我们宿舍来了两个中国朋友。
④ 那边开来了一辆汽车。

5 해석

어제는 리우징의 생일이었다. 우리는 그의 집에 가서 축하해 주었다. 그의 어머니가 만드신 요리는 정말 맛있었다. 우리는 술 마시고, 밥 먹고, 노래 부르고, 춤도 추고 무척 즐거웠다. 모두 데이비드에게 술을 마시지 말라고 했다. 그는 오토바이를 타고 가야 하는데, 술을 마시면 너무 위험하기 때문이다.

28 오늘은 어제보다 춥습니다

회화

1

리우징 오늘 날씨가 정말 춥다.
가즈코 맞아. 오늘이 어제보다 추워. 온도가 어제보다 5도 낮거든.
리우징 넌 이곳의 날씨에 적응이 됐니?
가즈코 아직 다 적응하진 못했어. 여긴 도쿄보다 훨씬 춥거든.
리우징 너희 나라의 겨울은 별로 춥지 않니?
가즈코 응.
리우징 도쿄에는 자주 눈이 와?
가즈코 눈은 아주 적게 오고, 가끔 비가 와.
리우징 일기예보에서 내일은 바람이 많이 불어서 오늘보다 더 추울 거라고 했어.
가즈코 그래?
리우징 너 감기에 걸리지 않으려면 옷을 많이 입어야겠다.

2

메리 장 선생님, 베이징의 여름은 덥나요?
장 선생님 매우 더워. 너희 나라도 이곳과 같니?
메리 달라요. 여름은 덥지 않고, 겨울은 몹시 추워요.
장 선생님 얼마나 추운데?
메리 영하 이십 도 넘어요.
장 선생님 정말 춥구나!
메리 하지만 전 겨울이 좋아요.
장 선생님 왜?
메리 스케이트와 스키를 탈 수 있어서요.

표현

1 응용 표현

① **오늘은 어제보다 추워요.**
여기는 저기보다 따뜻해요.
이 책은 저 책보다 낡았어요.
그는 나보다 말랐어요.

② **여기는 도쿄보다 훨씬 추워요.**
여기는 저기보다 훨씬 시원해요.
이 연습문제는 저 연습문제보다 훨씬 어려워요.
이 길은 저 길보다 훨씬 멀어요.
이 커피는 저 커피보다 훨씬 맛있어요.

❸ 내일은 오늘보다 더 추워요.

그곳의 물건이 이곳보다 더 비싸요.

저 색깔이 이 색깔보다 더 예뻐요.

그 아이가 이 아이보다 더 뚱뚱해요.

2 확장 회화

❶ 가을에 베이징에 오는 것을 환영합니다. 그때는 날씨가 춥지도 덥지도 않아 가장 좋습니다.

❷ 베이징의 봄은 자주 바람이 불고, 비는 자주 오지 않습니다.

연습문제

1 要上课了，快上楼去吧。

飞机要开了，上飞机吧。

楼上有很多留学生在上课。

上星期天气很好，不冷也不热。

2 ❶ A | 今天很冷，你要多穿衣服。

❷ A | 你少喝点儿酒吧。

❸ A | 以后我们多联系。

❹ A | 老师问你呢，你快回答！

3 ❶ 我比他大。/ 他比我小。

❷ 昨天比今天热。/ 今天比昨天凉快。

❸ 她的毛衣比我的好看。/ 我的毛衣比她的难看。

❹ 小刘的身体比小王的好。/ 小王的身体比小刘的差。

4 A 你怎么又感冒了？

B 这儿的春天比我们国家的春天冷。

A 你们国家的春天多少度？

B 二十多度。

A 你们国家春天比我们国家春天暖和。

B 这儿早上和晚上冷，中午暖和，我还不太习惯。

A 时间长了，你就习惯了。

5 ❶ 今天比昨天高四度。

❷ 张丽英家比王兰家多两口人。

❸ 刘京比王兰大一点儿。

❹ 那个楼比这个楼高十二层。

6 해석

사람들은 모두 봄이 좋다고 말한다. 봄은 일 년의 시작이고, 시작이 좋다면 일 년은 매우 순조로울 것이다. 하루도 마찬가지이다. 아침은 하루의 시작이고, 아침부터 어떻게 생활하고, 공부하고, 일할 것인지 신경 쓴다면 하루를 잘 보낼 수 있을 것이다.

우리는 봄과 시간을 사랑해야 한다. 만약 그것에 신경 쓰지 않는다면 나중에 후회할 것이다.

29 나도 수영을 좋아합니다

회화

1

리우징 넌 어떤 운동을 좋아하니?

데이비드 등산, 스케이트, 수영, 다 좋아해. 너는?

리우징 나는 축구와 농구를 자주 해. 수영도 좋아하고.

데이비드 너 수영 잘하니?

리우징 별로 잘하지 못해. 너보다 잘하지 못해. 내일 축구 경기가 있는데 보러 갈래?

데이비드 누구와 누구의 경기인데?

리우징 베이징 팀 대 광둥 팀의 경기야.

데이비드 그럼 분명 재미있겠구나. 보고 싶은데 표를 사기가 어렵겠지?

리우징 지금 사러 가면 아마 살 수 있을 거야.

2

메리 그림을 그리고 있니?

데이비드 그림 그리는 게 아니라 붓글씨를 쓰고 있어.

메리 정말 잘 쓰는구나!

데이비드　2주 동안 연습한 거야. 난 가즈코보다 잘 쓰지 못해.

메리　나도 붓글씨 쓰는 거 좋아하는데, 하지만 전혀 쓸 줄 몰라.

데이비드　괜찮아. 네가 배우고 싶다면 왕 선생님께서 가르쳐 주실 거야.

메리　그럼 정말 좋겠다!

데이비드　힘들어서 좀 쉬고 싶네.

메리　가자, 산책하러 나가자.

표현

1 응용 표현

❶ **당신은 수영을 잘 합니까?**

당신을 빨리 달립니까?

당신은 테니스를 잘 칩니까?

당신은 스키를 잘 탑니까?

당신은 문제에 대답을 맞게 했습니까?

❷ **표를 사기 어렵겠죠?**

붓글씨는 쓰기 어렵겠죠?

광둥어는 이해하기 어렵겠죠?

중국화는 그리기 어렵겠죠?

중국어는 배우기 어렵겠죠?

❸ **잠시 쉬고 싶어요.**

잠시 앉고 싶어요.

잠시 자고 싶어요.

잠시 서고 싶어요.

잠시 눕고 싶어요.

2 확장 회화

❶ 방학이 되면 그는 항상 여행을 간다.

❷ 그는 매일 아침 태극권을 하고, 저녁 식사 후에는 산책을 한다.

❸ 큰일 났네. 열쇠를 잃어버렸어.

연습문제

1 踢足球 坐飞机 出事故 送礼物 问问题 喝酒
开汽车 打电话 打网球 背生词 吃饭 唱歌

我喜欢的运动是踢足球。
我是坐飞机来中国的。
你开车开得太快了，会出事故的。
今天是王兰的生日，我想送她一个礼物。

2 ❶ 我滑冰没有他滑得好。
❷ 张老师爬山没有王兰爬得快。
❸ 我的手机没有他的手机好。
❹ 那张照片没有这张照片漂亮。

3 ❶ C | 我累极了，想休息一会儿。
❷ D | 他在北京住了十年了。
❸ B | 他的宿舍离教室很近，走一刻钟就到了。
❹ C | 他迟到了十分钟。

4 ❶ A 你喜欢什么运动？
B 我喜欢打篮球，你呢？
A 我不喜欢打篮球。
B 你喜欢什么运动？
A 我喜欢爬山。

❷ A 你喝啤酒吗？
B 我不喝酒。
A 为什么？少喝一点儿没关系。
B 我开车，喝酒不安全。

❸ A 你喜欢吃什么饭菜？喜欢不喜欢做饭？
B 我喜欢吃中国菜，不喜欢做饭。

❹ A 休息的时候你喜欢做什么？
B 休息的时候我喜欢看书、听音乐。

❺ A 你喜欢喝什么？为什么？
B 我喜欢喝啤酒，因为啤酒很好喝。

5 해석

한스는 취미가 아주 많다. 그는 운동을 좋아하는데, 겨울에는 스케이트를 타고, 여름에는 수영을 한다. 중국에 온 후, 태극권도 배워서 할 줄 안다. 그가 그린 그림도 썩 괜찮다. 그의 방에 있는 그 그림도 그가 그린 것이다. 그러나 그에게는 좋지 않은 취미가 있는데, 바로 흡연이다. 지금 그는 건강이 별로 좋지 않다. 그가 담배를 끊는다면 그의 건강은 분명 지금보다 좋아질 것이다.

30 천천히 말씀해 주세요

회화

1

리훙　너 중국어를 아주 잘하는구나. 발음이 아주 분명해.
데이비드　아니에요, 아직 멀었어요.
리훙　중국어를 배운 지 얼마나 됐지?
데이비드　배운 지 반년 됐어요.
리훙　중국어 소설을 읽을 수 있니?
데이비드　아니요.
리훙　중국어가 어렵니?
데이비드　듣기와 말하기는 좀 어렵지만, 보는 건 비교적 쉬워요. 사전을 찾을 수 있으니까요.
리훙　내가 하는 말을 알아들을 수 있니?
데이비드　천천히 말씀하시면 알아들을 수 있어요.
리훙　중국인과 대화를 많이 나눠야 해.
데이비드　맞아요. 그럼 듣기와 말하기 능력을 향상시킬 수 있어요.

2

왕란　뭐가 그리 바빠?
가즈코　짐을 싸고 있어. 아버지가 오셔서 모시고 여행을 가려고.
왕란　어디로 가는데?
가즈코　광저우랑 상하이, 그리고 홍콩에도 갈 거야. 아버지께 가이드를 해 드려야 해.
왕란　너희 아버지께서 무척 기뻐하시겠구나.
가즈코　문제는 내가 광둥어와 상하이어를 알아들을 수 없다는 거야.
왕란　괜찮아. 상점이나 호텔에서는 모두 표준어를 쓰니까.
가즈코　내가 하는 말을 그들이 알아들을 수 있을까?
왕란　당연하지.
가즈코　그렇다면 안심이 된다.

표현

1 응용 표현

❶ **지금 당신은 중국어 소설을 읽고 이해할 수 있습니까?**

오후에 당신은 교실을 다 꾸밀 수 있습니까?

모레 당신은 휴대전화를 다 고칠 수 있습니까?

저녁에 당신은 연습문제 번역을 다 할 수 있습니까?

❷ **A 당신을 중국어를 배운 지 얼마나 되었습니까?**

B 배운 지 반년 되었습니다.

A 당신은 경기를 본 지 얼마나 되었습니까?

B 본 지 1시간 되었습니다.

A 당신은 문장을 번역한 지 얼마나 되었습니까?

B 번역한 지 1시간 반 되었습니다.

A 당신은 음악을 들은 지 얼마나 되었습니까?

B 들은 지 20분 되었습니다.

A 당신은 타자를 친 시 얼마나 되었습니까?

B 친 지 30분 되었습니다.

❸ **광저우, 상하이 외에 우리는 또 홍콩에 갈 거예요.**

만두와 찐빵 외에 우리는 또 요리를 먹을 거예요.

경극과 연극 외에 우리는 또 서커스를 볼 거예요.

세탁기와 텔레비전 외에 우리는 또 냉장고를 살 거예요.

2 확장 회화

❶ 중국어의 발음은 그다지 어렵지 않고, 문법도 비교적 쉽다.

❷ 나는 새 단어를 한 시간 동안 예습해서, 지금은 이 새 단어를 모두 암기했다.

연습문제

1 昨天我们在故宫参观了一小时。

我的电脑坏了，请小王帮我修了一会儿。

这个课文很难，我们翻译了三天。

昨天我们学校和别的学校比赛了一个下午。

昨天我牙疼，疼了两天。

他都旅行了一个星期了，下周就回来了。

2 ❶ 我们听音乐听了二十分钟。

❷ 我们跳舞跳了半个小时。

❸ 我们坐火车坐了七个小时。

❹ 我找钥匙找了好几分钟。

3 ❶ 我每天除了散步(以外)，还打太极拳。

❷ 他除了会说英语(以外)，还会说汉语。

❸ 在北京，他除了(去过)长城(以外)，没去过别的地方。

❹ 我们班除了大卫会划船(以外)，别的人都不会划船。

4 ❶ 我是去年来这个城市的，我来这个城市一年了。

❷ 以前我学过汉语，学了一年。

❸ 我们每星期上五天课。

❹ 我每天运动，每天跑步一个小时。

❺ 我每天十一点睡觉，六点起床，每天睡七个小时。

5 A 昨天的电影你看了吗?

B 看了一点儿。

A 你都能听得懂吗?

B 听不懂，说得太快。

A 我也是。要是能说慢点儿，就能听懂了。

B 我们还要多练习听和说。

6 해석

한 아이가 글자를 배우고 있었다. 선생님이 공책에 '人' 자를 썼고, 아이는 그 글자를 배웠다. 다음 날, 선생님은 아이를 만났을 때 땅에 '人' 자를 썼다. 큼지막하게 썼는데, 아이는 글자를 알아보지 못했다. 선생님이 "이것은 '人' 자잖아, 어떻게 잊었니?"라고 말하자, 아이는 "이 사람은 어제 그 사람보다 훨씬 큰데요. 저는 그를 몰라요."라고 대답했다.

복습 6

상황 회화

1

아리 샤오리가 왜 아직 안 오지?

샤오왕 잊어버린 거 아니야?

아리 그럴 리가 없어. 어제 내가 그에게 전화를 걸어서 확실히 얘기했는걸. 10시 50분에 기차가 출발하고, 우리가 여기에서 그를 기다릴거라고 알려 줬어.

샤오왕 어쩌면 병이 났을지도 몰라.

아리 무슨 일이 있어서 못 올 수도 있어.

샤오왕 기차가 곧 출발한다. 우리도 가지 말고 집으로 돌아가자.

아리 샤오리를 보러 가자. 어떻게 된 일인지도 물어보고.

2

아리 샤오리, 일어나!

샤오왕 내 말이 맞았어. 정말 병이 났네.

샤오리 누가 병났대? 나 병 안 났는데.

아리 그럼 너 왜 기차역에 오지 않은 거야?

샤오리 왜 안 갔겠어? 난 오늘 아침 4시에 일어났어. 기차역에 도착해 보니 겨우 4시 반이었다고. 한참을 기다렸는데도 너희가 오지 않아서 난 돌아와버렸어. 피곤하고 졸려서 잠을 잔 거야.

샤오왕 우리 기차표는 10시 50분 건데, 그렇게 일찍 가서 뭐 한 거야?

샤오리 뭐? 10시 50분? 아리가 전화할 때 4시 50분이라고 했는데.

샤오왕 알겠다. 아리는 '十'와 '四'를 비슷하게 발음하잖아.

샤오리 아! 내가 잘못 들었구나.

아리 정말 미안해. 내 발음이 안 좋아서 널 헛걸음하게 했구나.

샤오리 괜찮아. 우리 모두가 헛걸음했는걸.

실전 연습

1 ❶ 我的爱好是看书。我喜欢看书，听音乐。

❷ 我学过英语，我觉得很难。

❸ 我在中国旅行过，除了普通话以外，北京话容易懂，上海话不容易懂。

❹ 我们国家的天气跟中国一样。

❺ 我喜欢春天，春天天气好，不冷不热。

2 ❶ A 祝您在中国生活幸福！
B 谢谢你。

A 你考得非常好，祝贺你！
B 谢谢你。

A 我们给你祝贺生日来了，祝你生日快乐！
B 谢谢大家！

A 祝你工作顺利！
B 多谢朋友们！

❷ A 张东，你开车，别喝酒了。
B 好吧，听你的。

A 医生，我的病怎么还没有好呢？
B 别急，你的病会好的。

A 他刚睡，别说话。
B 好的。

A 老师，汉语怎么才能学得好呢？
B 学汉语要多说，别不好意思。

❸ A 你喜欢什么？
B 我喜欢音乐。

A 你喜欢做什么？
B 我喜欢看书，听音乐。

A 你最喜欢什么？
B 我最喜欢打篮球。

3 A 你学了多长时间汉语了？
B 我学了一年汉语了。
A 你觉得听和说哪个难？
B 我觉得说比听难。
A 写呢？
B 我觉得写不太难。
A 现在你能看懂中文小说吗？
B 现在还看不懂中文小说。

단문 독해

샤오장은 저녁밥을 먹은 후 기숙사로 돌아왔다. 막 텔레비전을 켜려고 하는데 아래층에서 누군가가 그를 부르는 소리를 들었다. 그가 창문을 열고 아래를 내려다보니 샤오리우였다.

샤오리우는 그에게 영화표 한 장을 주며, 일요일 8시에 함께 영화를 보러 가자고 했다. 그들은 극장 입구에서 만나기로 약속했다.

일요일이 되었다. 샤오장은 먼저 친구를 만난 후, 오후에 상점에 가서 몇 가지 물건을 샀다. 7시 40분에 극장에 도착했다. 샤오리우가 보이지 않아서 그는 입구에서 기다렸다.

7시 55분이 되었고 영화가 곧 시작하려고 하는데 샤오리우는 오지 않았다. 샤오장은 샤오리우가 무슨 일이 생겨서 오지 못한다고 생각하고 혼자 극장으로 들어갔다. 극장 직원이 샤오장에게 말했다. "8시에는 영화가 없는데요. 잘못 아신 게 아닌가요?" 샤오장이 영화표를 보니 거기에는 오전 8시라고 쓰여 있었다. 샤오장은 생각했다. '내가 세심하지 못했구나. 표를 보든지 샤오리우에게 물어봤으면 좋았을걸.'

31 그곳의 풍경은 정말 아름다워요!

1

데이비드 곧 방학이구나. 너 여행 가고 싶지 않니?

메리 당연히 가고 싶지.

데이비드 중국에는 명승고적이 아주 많은데, 어디로 갈까?

메리 네가 말해 봐. 나는 네 의견에 따를게.

데이비드 먼저 구이린에 가자. 그곳의 풍경은 정말 아름다워!

메리 베이징에서 구이린까지 기차로 얼마나 걸리지?

데이비드 까오티에를 타면 대략 열 몇 시간이 걸려. 우리 구이린에서 3, 4일 논 다음에 상하이에 가자.

메리 좋은 계획이야. 그렇게 하자. 7시에 영화가 있는데 지금 가면 늦지 않게 갈 수 있을까?

데이비드 늦지 않게 갈 수 있을 거야.

메리 우리 영화 보러 가자.

데이비드 가자.

2

가즈코 상하이는 중국에서 가장 큰 도시야.

왕란 맞아, 상하이에는 물건이 여기보다 훨씬 많아.

가즈코 상하이에 가면 선물을 좀 사서 집에 부치고 싶어. 너는 상하이의 어디가 가장 번화하다고 생각하니?

왕란 난징루야. 그곳에는 각양각색의 상점이 있어서 물건을 사기가 아주 편리해.

가즈코 상하이의 먹거리도 꽤 유명하다고 들었어.

왕란 너 위위안에 놀러 가려는 거 아니야? 가는 김에 그곳의 음식을 먹어 봐도 되지. 참, 푸둥개발구를 구경하러 가도 되겠다.

1 응용 표현

❶ **우리는 영화를 보러 갑니다.**

우리는 회의를 하러 갑니다.

우리는 박물관을 견학하러 갑니다.

우리는 음악을 들으러 갑니다.

우리는 경극을 보러 갑니다.

우리는 간식을 먹으러 갑니다.

우리는 신용카드를 만들러 갑니다.

❷ **기차를 타면 얼마나 걸립니까?**

배를 타면 얼마나 걸립니까?

비행기를 타면 얼마나 걸립니까?

자전거를 타면 얼마나 걸립니까?

똥쳐를 타면 얼마나 걸립니까?

❸ **나는 선물을 좀 사서 집에 부치고 싶어요.**

나는 요리를 좀 사서 집에 보내고 싶어요.

나는 약을 좀 사서 집에 보내고 싶어요.

나는 과일을 좀 사서 집에 가져가고 싶어요.

나는 간식을 좀 사서 집에 들고 가고 싶어요.

2 확장 회화

❶ **A** 내 볼펜을 찾을 수가 없네.

B 저거 네 볼펜 아니야?

A 아, 찾았다.

연습문제

1 ❶ 我们正在游览名胜古迹。

❷ 我们正在看风景。

❸ 我正在银行办信用卡。

❹ 我正在提高我的口语能力。

❺ 他们正在演电影。

❻ 他正在骑自行车。

2 ❶ 注意，前边开来一辆汽车。

❷ 楼下有人找你，你快下去吧。

❸ 下课了，我们的老师走出去了。

❹ 山上的风景很好，你们快爬上来吧。

3 ❶ 你来北京的时候，坐飞机坐了多长时间?

❷ 昨天你爬山爬了几个小时? /

昨天你爬山爬了多长时间?

3. 今天早上你吃早饭吃了多长时间?
4. 从这儿到北海公园，骑车要骑几个小时? / 从这儿到北海公园，骑车要骑多长时间?
5. 昨天你们划船划了几个小时? / 昨天你们划船划了多长时间?

4 我去过长城，那里风景很美。我喜欢长城的风景。我们爬长城爬了两个小时。

5 해석

나는 여행을 좋아한다. 여행을 하면 명승고적을 관람할 수 있다. 여행은 또한 중국어를 배우는 좋은 방법이다. 나는 학교에서 선생님 말씀을 듣는 것에 익숙해져서, 사람이 바뀌면 적응이 안 된다. 그러나 여행할 때는 다양한 사람과 이야기해야 하고, 길도 물어야 하며, 관람도 하고, 물건도 사야 한다. 이것은 중국어를 배우는 좋은 기회이다. 나는 방학 때 여행을 가서 듣기와 말하기 실력을 향상시킬 것이다.

32 표를 샀습니까?

회화

1

가즈코 너 리우징 봤니?

메리 못 봤어. 2층에 가서 그를 찾아봐.

2

가즈코 리우징, 표 샀어?

리우징 아직 못 샀어. 내가 다시 한번 찾아 볼게.

가즈코 까오티에를 탈 거야, 뚱처를 탈 거야?

리우징 까오티에를 타자. 까오티에가 빨라.

가즈코 며칠 것으로 할까?

리우징 내일 거는 매진됐어. 모레 거는 있는데, 할까?

가즈코 하자. 오전에 도착하면 좋은데, 몇 번 차를 살까?

리우징 G79편으로 사자. 오전 9시에 도착해. 일등석으로 할까, 이등석으로 할까?

가즈코 이등석으로 하자.

3

니나 베이징 가는 비행기 표 있어요?

고객센터 직원 3일 이내의 표는 매진되었습니다. 일찍 예약하셔야 해요.

니나 급한 일이 있는데, 좀 도와주세요!

고객센터 직원 기다려 보세요. 제가 다시 찾아볼게요. 마침 15일 오후 2시 조금 넘어서 취소표가 한 장 있네요.

니나 주세요. 제 여권 번호는 X06005786이에요. 여쭤볼 게 있는데요, 여기에서 베이징까지 얼마나 걸리나요?

고객센터 직원 한 시간 좀 넘게 걸립니다.

니나 몇 시에 이륙하죠?

고객센터 직원 14시 5분에 이륙합니다.

표현

1 응용 표현

1. **당신은 표를 샀습니까?**
   당신은 지갑을 찾았습니까?
   당신은 시간을 잘못 봤습니까?
   당신은 신체검사를 마쳤습니까?
   당신은 비자를 발급했습니까?
2. **2층에 가서 그를 찾아보세요.**
   내려가서 그를 찾아보세요.
   주차장으로 가서 그를 찾아보세요.
   도서관에 가서 그를 찾아보세요.
   강당에 가서 그를 찾아보세요.

2 확장 회화

1. A 내 중국어책을 기숙사에 놓고 왔어. 어떻게 하지?
   B 지금 바로 기숙사에 가서 가져오면 늦지 않을 거야.
2. 어떤 방법이 좋은지 모두 토론해 봅시다.
3. 여기에 주차하면 안 된다고 표지판에 적혀 있습니다.

연습문제

1 ❶ 刚才他上山去了。

❷ 刚才他进教室来了。

❸ 刚才他进公园去了。

❹ 刚才他下楼来了。

❺ 刚才他回家去了。

2 ❶ 衣服在衣柜里挂着呢。

❷ 你找钱包？不是在你手里拿着吗？

❸ 我的自行车钥匙在桌子上放着，你去拿吧。

❹ 九号楼前边停着很多自行车。

❺ 我的书上写着我的名字呢，能找到。

❻ 参观的时候你带着他去，他不认识那儿。

3 这里是玛丽的宿舍，门关着，窗户开着，桌子在窗户前放着。书和词典在桌子上放着。

4 ❶ **A** 买两张三天后早上从北京西站出发、下午两点前到西安北站的高铁车票。

B 可以买G671。

❷ **A** 买三张五天后下午从北京西站出发、晚上到西安北站的火车票。

B 可以买G663、G59。

5 ❶ 我从周一到周五上课。

❷ 我每天从八点到十二点上课。

❸ 从我们国家到北京不太远。

6 **A** 我要预订一张火车票。

B 可以预订。您去哪儿？

A 我要去广州。

B 您要买几号的火车票？

A 四月十号上午的高铁。

B 要一等座还是二等座？

A 一等座。

7 **해석**

장싼과 리쓰는 기차역에 갔다. 역 안으로 들어갔을 때, 기차 출발까지 5분밖에 남지 않았다. 그들은 서둘러 뛰었다. 장싼이 빨라서 먼저 기차에 올랐다. 그는 리쓰가 아직 기차 밖에 있는 것을 보고 마음이 급해져서 기차에서 내리려고 했다. 승무원이 "선생님, 내리실 수 없습니다. 기차가 곧 떠나요. 시간이 없어요."라고 말했다. 장싼은 "안 돼요. 갈 사람은 저 사람이에요. 나는 그를 배웅하러 왔어요."라고 말했다.

33 우리는 방을 두 개 예약했습니다

회화

1

(기차역에서)

데이비드 마침내 구이린에 도착했구나.

니나 아이고, 더워 죽겠어!

메리 호텔에 도착하면 시원하게 씻어야겠어.

데이비드 우리가 예약한 호텔이 멀지 않은데, 어떻게 가는 게 좋을까?

메리 내가 빨리 샤워할 수 있게만 해 주면 돼.

니나 앞에 택시가 있어. 우리 택시 타고 가자.

2

(호텔 로비에서)

직원 안녕하세요!

데이비드 안녕하세요! 온라인으로 방을 두 개 예약했는데요.

직원 여권 좀 보여 주세요. 3일 묵으시는 거 맞죠?

데이비드 맞아요.

직원 네. 이 표를 작성해 주세요.

데이비드 (표를 작성한 후) 여기 있어요. 이것은 제 신용카드입니다.

직원　비밀번호를 눌러 주세요. 여기 사인해 주시고요. 여기 방 열쇠입니다. 방은 5층입니다. 엘리베이터는 저쪽에 있습니다.

데이비드　감사합니다!

3

(방에서)

메리　이 방 꽤 괜찮네. 창문도 크고.

니나　난 샤워하고 싶어.

메리　먼저 뭘 좀 먹자.

니나　배 안 고파. 좀 전에 케이크를 한 조각 먹었어.

메리　저 가방을 옷장 안에 넣어.

니나　가방이 큰데 들어갈까?

메리　한번 해 봐.

니나　들어가네. 내 빨간 셔츠가 왜 안 보이지?

메리　의자 위에 있는 거 아냐?

니나　아, 방금 놓고는 잊어버렸네.

표현

1 응용 표현

❶ **더워 죽겠어!**

귀찮아 죽겠어!

바빠 죽겠어!

배고파 죽겠어!

목말라 죽겠어!

너무 기뻐!

너무 어려워!

❷ **호텔에 도착하면 시원하게 샤워해야겠다.**

시험이 끝나면 한숨 푹 자야겠다.

막 배부르게 먹었으니 천천히 걸어서 돌아가야겠다.

방학하면 즐겁게 여행을 가야겠다.

집에 도착하면 시끌벅적하게 술을 마셔야겠다.

❸ **그 가방을 옷장 안에 넣어요.**

그 치마를 상자 안에 넣어요.

그 바지를 가방 안에 넣어요.

그 스웨터를 옷장 안에 넣어요.

그 맥주를 냉장고 안에 넣어요.

2 확장 회화

❶ 식당은 정문 옆에 있다.

❷ A 씻으렴.

B 아니, 나 배고파 죽을 것 같아. 먼저 뭐 좀 먹은 다음에 할래.

연습문제

1 一件衬衫　两条裤子　一条裙子

五张桌子　一条马路　一个衣柜

四本小说　两张票　一辆自行车

三支圆珠笔　一只小狗　三位客人

2 ❶ 那个门很小，汽车开得进去开不进去?

❷ 这个包里再放两件衣服，放得进去放不进去?

❸ 这么多药水你喝得下去喝不下去?

❹ 箱子放在衣柜上边，你拿得下来拿不下来?

3 ❶ A 中国人说话，你听得懂吗?

B 只要说得慢点儿，就能听懂。

❷ A 你去旅行吗?

B 只要有时间，就去旅行。

❸ A 明天你去看话剧吗?

B 只要不考试，就去看话剧。

❹ A 你想买什么样的衬衫?

B 只要穿着好看，就可以。

4 A 请问，一个房间一天多少钱?

B 一天六百五十八。

A 有几张床?

B 有两张床。

A 洗澡方便吗?

B 很方便，一天二十四小时都有热水。

A 房间里能上网吗?

B 可以上网。

A 好，我要一个房间。

5 A 你好，双人间一天多少钱？
B 一天七百元。
A 太贵了，有没有便宜一点儿的房间？
B 没有了，这个房间很好。
A 房间里洗澡方便吗？
B 房间里都是24小时热水，洗澡很方便。
A 房间干净吗？
B 房间里每天都打扫，很干净。

6 해석

이 호텔은 꽤 괜찮다. 방은 그다지 크지 않지만 깨끗하다. 24시간 더운물로 샤워할 수 있어 편리하다. 방에서 인터넷을 할 수 있다. 호텔 위층에는 커피숍과 노래방이 있다. 손님들은 낮에는 밖에서 관광하고, 밤에는 커피를 마시거나 노래를 부르며 편안히 쉴 수 있다.

34 나는 머리가 아픕니다

회화

1

의사 증상이 어떠세요?
메리 머리가 아프고, 기침이 나요.
의사 며칠 됐어요?
메리 어제 오전까지는 괜찮았는데, 저녁부터 몸이 좋지 않았어요.
의사 약은 먹었나요?
메리 한 번 먹었어요.
의사 입을 벌려 보세요, 좀 볼게요. 목이 조금 빨갛군요.
메리 무슨 문제 있나요?
의사 괜찮아요. 체온을 좀 재 봅시다.
메리 열이 있나요?
의사 37.6도네요. 감기에 걸렸어요.
메리 주사 맞아야 해요?
의사 아뇨. 약을 이삼일 먹으면 좋아질 거예요.

2

가즈코 왕란은? 수업이 끝나자마자 그녀를 찾았어. 두 번이나 찾아봤는데 없더라고.
리우징 왕란 입원했어.
가즈코 병이 난 거야?
리우징 아니, 다쳤어.
가즈코 어느 병원에 입원했는데?
리우징 아마 런민병원일 거야.
가즈코 지금 상태가 어때? 많이 다친 거야?
리우징 아직은 잘 몰라. 검사해 봐야 알 수 있어.

표현

1 응용 표현

❶ **입을 벌려 보세요.**
창문을 열어 주세요.
사진을 보내 주세요.
냉장고를 열어 보세요.
서류를 잘 놓아 주세요.
문을 잘 잠가 주세요.

❷ **나는 그녀를 두 번 찾았는데, 그녀는 없었다.**
나는 그녀에게 두 번 물어봤는데, 그녀는 말을 하지 않았다.
나는 그녀를 두 번 초대했는데, 그녀는 오지 않았다.
나는 그녀에게 두 번 주었는데, 그녀는 원하지 않았다.
나는 그녀와 두 번 약속했는데, 그녀는 오지 않았다.

❸ **나는 수업이 끝나자마자 그녀를 찾는다.**
나는 집에 도착하자마자 밥을 먹는다.
나는 방학을 하자마자 여행을 간다.
나는 전등을 끄자마자 잠이 든다.
나는 일어나자마자 운동하러 간다.

2 확장 회화

❶ 그는 이틀 동안 열이 났는데, 약을 먹고 오늘은 많이 좋아졌다.

❷ 그는 눈 수술을 했는데, 다음 주에는 퇴원할 수 있을 것이다.

연습문제

1 关上窗户　张开嘴　锁上门
开开灯　吃完饭　修好自行车
洗干净衣服　接到一个电话

2 ❶ 他把桌上的电脑打开了。
❷ 我把小王的笔弄丢了。
❸ 我们把那个房间布置好了。
❹ 我把刘京的手机摔坏了。

3 A 你是什么时候住院的?
B 我刚一病就住院了。
A 你什么时候能出院?
B 现在还在检查，检查完了才能知道。
A 要我帮你做什么吗?
B 你下次来，帮我把书带来吧。
A 好。

4 A 医生，我打球的时候把手弄伤了，请您帮我看看。
B 伤得不重，休息几天就好了。
A 可是我明天有比赛，我能去吗?
B 真遗憾，不能去比赛了。

5 해석

샤오왕은 오늘 일어나자마자 머리가 아파서 아무것도 먹고 싶지 않았다. 그는 수업에 결석하고, 병원에 가서 진찰을 받았다. 의사는 그를 진찰한 후, 그의 요 며칠간의 생활 상태를 물었다. 그는 열도 나지 않고, 목도 빨갛지 않아 감기는 아니다.

그는 어제저녁에 컴퓨터를 하느라 늦게 잤고, 잠도 잘 자지 못했다. 머리가 아픈 것은 수면 부족 때문이었다. 의사는 그에게 약을 주지 않고, 돌아가서 한숨 푹 자고 나면 곧 좋아질 거라고 말했다.

35 좀 좋아졌습니까?

회화

1

메리　왕란이 차에 치여서 다쳤다던데, 맞아?
리우징　맞아, 입원했어.
데이비드　어느 병원인데?
리우징　런민병원이야.
데이비드　우리 오늘 오후에 그녀를 보러 가자.
메리　좋아. 우리 뭘 가지고 갈까?
데이비드　과일 같은 것 좀 가지고 가자.
메리　좋아. 우리 지금 사러 가자.
리우징　참, 요즘 런민병원 앞 도로 공사를 해서 차가 병원 입구까지 갈 수 없어.
메리　그럼 어떻게 하지?
데이비드　전 정거장에서 내리자. 거기에서 걸어가도 가까워.

2

메리　왕란, 몸은 좀 괜찮아졌니?
리우징　보니까 많이 좋아진 것 같은데.
왕란　나날이 좋아지는 것 같아.
데이비드　우리가 먹을 걸 좀 가져왔어. 분명 네가 좋아할 거야.
왕란　고마워.
메리　여기서 지내는 건 어때?
왕란　안경이 깨져서 책을 볼 수가 없어.
리우징　걱정하지 마, 내가 가져가서 고쳐 올게.
데이비드　푹 쉬어. 다음에 다시 보러 올게.
왕란　괜찮아. 의사 선생님 말씀이 다음 주면 퇴원할 수 있대.
데이비드　정말? 다음 주 주말에 모임이 있는데, 네가 참석하길 기다릴게.
왕란　좋아. 꼭 시간 맞춰서 갈게.

표현

1 응용 표현

❶ **왕란이 차에 치여서 다쳤다.**
나무가 바람에 쓰러졌다.
소파가 아이들에 의해 더러워졌다.
컵이 환자에 의해 떨어져 깨졌다.
잡지를 그가 빌려 갔다.

❷ **우리가 먹을 것을 좀 가져왔어요.**
우리가 사탕을 좀 가져왔어요.
우리가 라면을 좀 사 왔어요.
우리가 빵을 좀 가져왔어요.
우리가 영문소설을 좀 빌려 왔어요.

2 확장 회화

❶ 날이 어두워졌다. 보아하니 비가 올 것 같다.

❷ 국민의 생활이 해마다 행복해진다.

❸ 저기 선글라스를 쓴 사람은 누구예요?

연습문제

1 大卫的字典被别人拿走了。
王兰的自行车被弄丢了。
我喜欢吃苹果、橘子什么的。
周末我经常看电视、电影什么的。

2 ❶ 我的笔被朋友弄丢了。
❷ 刘京的杂志被老师拿走了。
❸ 我的照相机被刘京借走了。
❹ 王兰的电脑被哥哥弄坏了。

3 ❶ 妈妈的手表被妹妹弄丢了。
❷ 真糟糕，他的名字被我写错了。
❸ 文件被他忘在出租车上了。
❹ 房卡被他拿走了。
❺ 小树被大风刮倒了。

4 A 小王，你的病好点儿了吗？
B 谢谢你，好多了。医生说下周就可以出院了。
A 你住在这儿生活方便吗？
B 很方便。
A 我明天给你带几本书来吧。
B 太好了，谢谢你。

5 **해석**

샤오왕이 병원에 입원해서 지난주 토요일에 우리는 그녀를 보러 갔다. 그녀가 입원한 병실에는 세 개의 침대가 있었는데, 두 개의 병상에는 사람이 있었고, 하나는 비어 있었다. 우리가 그녀를 보러 갔을 때 그녀는 누워서 책을 보고 있었다. 우리를 보자 그녀는 무척 기뻐했다. 그녀가 퇴원하고 싶다고 말해서, 우리는 조급해하지 말라고 타일렀다. 퇴원하면 우리가 영어를 보충할 수 있도록 도와주고, 먹고 싶은 게 있으면 가져다 주겠다고도 했다. 그녀는 기뻐하며 더는 퇴원에 대해 말하지 않았다.

복습 7

상황 회화

1

A 너 쓰촨에 가 본 적이 있니? 러산대불을 본 적 있어?
B 쓰촨에는 가 봤지만 러산대불은 본 적이 없어.
A 못 봤다고? 그렇다면 너 유명한 러산대불을 꼭 보러 가야 해.
B 러산대불이 얼마나 큰데?
A 앉아 있는데 머리에서 발끝까지 총 71m야. 머리가 14m이고 귀는 7m야.
B 와, 정말 크다! 그럼 발은 훨씬 크겠구나.
A 그야 당연하지. 러산대불의 발이 얼마나 큰지는 확실히 기억나지 않아. 하지만 이렇게는 얘기해 줄 수 있어. 그의 한쪽 발에 다섯 대의 차를 세워 놓을 수 있다고.
B 정말 굉장하다! 그 러산대불은 언제 만들어진 거야?

A 당대에 만들어졌어. 러산대불은 그 자리에 이미 1천 년 동안 앉아 있었던 거지. 봐, 이 사진은 모두 그곳에서 찍은 거야.

B 잘 찍었네. 그곳은 풍경도 매우 아름답구나. 넌 언제 갔었어?

A 2019년 9월에 배를 타고 갔었어. 한 번 더 가고 싶어.

B 네 설명을 듣고 나니 꼭 러산대불을 보러 가야겠다. 너 시간이 있으면 우리 같이 가자. 네가 가이드를 해 줘.

A 그래.

실전 연습

1 ❶ 我的宿舍里有衣柜、床、书桌。衣柜放在床旁边，书桌放在窗前。桌子上放着书和词典。床在房间的南边。

❷ 我早上七点起床，八点到学校去。中午十二点半回宿舍来。下午在宿舍看书，复习。有的时候去图书馆学习。晚上六点去学校食堂吃饭。

❸ 我买了星期六上午到北京的火车票。到北京以后，我们先找旅馆住下，然后就去了故宫和北海公园参观。星期天上午，我们去游览了长城，长城的风景很美。

2 ❶ **A. 표 사기**

A 您好，请问到广州的票还有吗?

B 有，您要哪天的?

A 我想要明天的，要三张。

B 好的，要一等座还是二等座?

A 一等座。要坐多长时间?

B 21小时20分。

A 几点开车?

B 中午11点49分。

B. 호텔 예약

A 您好，请问还有房间吗?

B 有，有标准间和套房。

A 套房一天多少钱?

B 套房一天二百二。

A 洗澡方便吗?

B 二十四小时都有热水，洗澡很方便。

A 这附近有餐厅，咖啡厅吗?

B 有，出门往左走就是一个餐厅。旁边也有咖啡厅。

C. 관광

A 这儿的风景真美。这附近还有什么名胜古迹?

B 这儿离故宫很近，我们可以去那儿看看！还可以顺便看看天安门。

A 好，那我们就先去故宫，再去天安门吧。

B 跟我一起走就放心吧，这里的名胜古迹我都知道。

A 我要请你当导游!

❷ A 你怎么了?

B 头疼，嗓子也疼。还有点咳嗽。

A 先量一下儿体温吧。

B 38°C。

A 有点发烧，打个针吧。

B 大夫，我不想打针。

A 那就吃药吧，这个药，一天吃三次，一次一个。

B 谢谢您。

❸ A 听说小王生病住院了，我们去看看他吧?

B 好，医院什么时候能看病人?

A 上午可以。我们给他买点儿什么好呢?

B 买点吃的吧。

A, B 小王，听说你生病了，我们来看看你。

王 谢谢你们。

A 你现在好点儿了吗?

王 现在已经好多了。我想快点儿出院。

B 别着急，好好休息。你想要什么东西吗? 我可以帮你带来。

王 不用了，谢谢你。

A 医院的生活怎么样? 方便吗?

王 这里生活很方便，医生都很好。

B 什么时候可以出院?

王 医生说，下周就可以出院了。

3 A 玛丽，天津离北京这么近，星期四我们去玩儿玩儿吧。

B 好，我们可以让小刘带着我们去。

A 不行，小刘病了。

B 她怎么了?
A 她发烧、咳嗽。
B 她是什么时候生病的? 我怎么不知道?
A 昨天晚上开始的。
B 那我们等小刘的身体好了再去吧，我们自己去不方便。
A 也好，等小刘好了再去吧。

36 나는 귀국하려고 합니다

회화

1

메리 안녕하세요. 왕 선생님!
왕 메리, 오랜만이야. 오늘 어떻게 시간이 나서 왔어?
메리 선생님께 작별 인사를 드리러 왔어요.
왕 어디 가는데?
메리 저 귀국해요.
왕 시간이 정말 빨리 지나간다. 네가 베이징에 온 지 벌써 일 년이 되다니.
메리 항상 선생님께 폐만 끼쳐 드려 정말 죄송해요.
왕 무슨 말이야, 바빠서 잘 챙겨 주지도 못했는데.
메리 무슨 그런 말씀을 하세요.
왕 언제 가니? 내가 배웅하러 갈게.
메리 바쁘신데 배웅해 주시지 않아도 돼요.

2

리우징 이번에 귀국하면 넌 취업할 거야, 아니면 계속 공부할 거야?
데이비드 대학원 시험을 보려고 해. 공부하면서 일하려고.
리우징 그건 너무 힘들 텐데.
데이비드 괜찮아. 우리나라에서는 많은 사람이 그렇게 하고 있어.
리우징 네가 귀국하는 거 친구들이 다 알고 있어?
데이비드 아는 친구도 있고 모르는 친구도 있어. 요 며칠 시간이 날 때 그들에게 작별 인사를 하러 가려고 해.

표현

1 응용 표현

❶ **당신이 베이징에 온 지 벌써 1년이 되었어요.**
그가 상하이를 떠난 지 벌써 2년이 되었어요.
내가 일어난 지 벌써 15분 되었어요.
샤오왕이 유럽에 간 지 벌써 3개월이 되었어요.

❷ **그는 공부하면서 일을 한다.**
그는 뉴스를 보면서 파일을 내려받는다.
그는 춤을 추면서 노래를 부른다.
그는 차를 마시면서 토론을 한다.
그는 산책하면서 한담을 나눈다.

❸ **어떤 친구는 알고, 어떤 친구는 모른다.**
어떤 학생은 왔고, 어떤 학생은 오지 않았다.
어떤 선생님은 참석했고, 어떤 선생님은 참석하지 않았다.
어떤 아이는 좋아하고, 어떤 아이는 좋아하지 않는다.

2 확장 회화

❶ 요 며칠 여러 가지 수속을 밟느라 너에게 작별 인사를 하러 갈 시간이 없었어. 이해해 줘.

❷ 몇몇 옛 친구들을 오랫동안 만나지 못했는데, 출장을 이용해서 그들을 만나러 가야겠다.

연습문제

1 我想趁放假的时候去旅行。
大卫要回国了，朋友们来向他告别。
我有好几个星期没去爬山了。
你的考试准备得怎么样了?
他的身体好了，已经出院了。

2 ❶ 你的病还没好，应该继续住院治疗。

❷ 我饿极了，两个面包够了。

❸ 他已经五十岁了，可是看样子一点儿也不老。

❹ 他经常出差，很少在家。

❺ 那棵小树昨天被汽车撞倒了。

❻ 我有很多中国朋友，有的人英语说得很好。

3 ❶ C | 李成日离开北京一年了。

❷ C | 他去医院两个半小时了。

❸ C | 他大学毕业两年了。

❹ C | 他已经起床半个小时了。

❺ C | 他们结婚十多年了。

4 ❶ 我来北京一年了。

❷ 我是2020年中学毕业的。毕业五年多了。

❸ 我穿的这件衣服买了一年多了。

❹ 我离开我的国家一年多了。

5 A 小王，我要回国了。

B 你什么时候走？

A 二十号晚上走。

B 你的东西都准备好了吗？

A 准备得差不多了。

B 要我帮忙吗？

A 不用帮忙，我自己可以。

B 你走的时候我去送你好吗？

A 你很忙，不用送我了。

6 A 你要去中国学习什么？

B 我想去学习汉语和中国文化。

A 你要在中国学习多长时间？

B 我可能在中国学习两年。还有什么要我办的事？

A 你出国前跟朋友们都告别一下吧。

7 해석

나는 내일 여행을 간다. 이번 여행은 비교적 길어서 친구에게 작별 인사를 하러 가야 한다. 그런데 라오장이 병원에 입원했다.

베이징에 있는 동안 라오장은 나를 한 가족처럼 보살펴 주었다. 나는 그에게 자주 폐를 끼쳐서 미안했다. 오늘 그에게 작별 인사를 하러 갈 수가 없어서 나는 긴 위챗 메시지를 보내 그에게 안부를 물었다. 내가 돌아왔을 때 그가 퇴원했기를 바란다.

37 당신들이 떠난다니 정말 섭섭합니다

회화

1

가즈코 귀국 날짜가 점점 가까워지고 있어.

왕란 너희들이 간다니까 정말 섭섭하다.

데이비드 그래, 비록 긴 시간은 아니었지만, 우리의 우정은 매우 두텁잖아.

메리 우리 연락처를 모두 휴대폰에 저장했어. 위챗으로 메시지를 보내거나, 영상 통화를 하면 빠르고 편리해.

리우징 너희들이 다시 올 기회가 있을 거야.

가즈코 만약 베이징에 오면 꼭 너희들을 보러 올게.

데이비드 우리 같이 사진 찍자!

메리 좋아, 여러 장 찍어서 기념으로 남기자.

2

메리 환송회에 참석한 사람이 정말 많구나.

리우싱 실습 간 사람을 빼고는 모두 왔어.

가즈코 프로그램이 시작됐어.

데이비드 메리야, 중국어로 노래 한 곡 불러 봐.

메리 내가 다 부르면 너희들 차례야.

왕란 각 반의 프로그램이 다양하고 훌륭하네.

가즈코 친구들과 선생님이 이렇게 열정적으로 환송해 주니까 무슨 말을 해야 좋을지 모르겠어.

리우징 너희들 좋은 성적을 거둔 거 축하해.

왕란 너희들의 중국어 실력이 더 빨리 향상되길 기원할게.

표현

1 응용 표현

❶ **귀국 날짜가 점점 가까워지고 있다.**

그의 발음이 점점 좋아지고 있다.

여행하는 사람이 점점 많아지고 있다.

그의 기술 수준이 점점 높아지고 있다.

베이징의 날씨가 점점 따뜻해지고 있다.

❷ **비록 긴 시간은 아니었지만, 우리의 우정은 매우 두텁다.**

비록 나이는 많지만, 몸이 건강하다.

비록 길은 좀 멀지만, 교통이 비교적 편리하다.

비록 공부한 시간은 짧지만, 매우 빨리 향상되었다.

❸ **우리는 연락처를 휴대폰에 남겼다.**

우리는 글자를 칠판에 썼다.

우리는 자동차를 주차장에 세웠다.

우리는 지도를 벽에 걸었다.

우리는 공지를 칠판 왼쪽에 붙였다.

2 확장 회화

❶ 그는 영어 외에 다른 언어는 할 줄 모른다.

❷ 이번 농구경기는 너무 재미있었는데, 네가 보러 가지 못했다니 정말 안타깝다.

연습문제

1 ❶ 昨天的游泳比赛很精彩，运动员的水平很高。

❷ 我都站了一个小时了，现在我们该坐一会儿了。

❸ 来中国学习是很好的机会，我一定好好儿学习。

❹ 我的联系方式你都记下来了吧?

❺ 那个饭店的服务员很热情。

❻ 这块蛋糕她舍不得吃，因为妹妹喜欢吃，她要留给妹妹。

2 ❶ 冬天快过去了，天气越来越暖和了。

❷ 他的汉语越来越好了。

❸ 张老师的小女儿越来越漂亮了。

❹ 参加欢送会的人越来越多了。

❺ 大家讨论以后，这个问题越来越清楚了。

3 ❶ 他把名字写在本子上了。

❷ 他把手机放在桌子上了。

❸ 她把钱包忘在家里了。

❹ 她把衬衫挂在衣柜里了。

4 A 小张，你要去法国留学了，祝你顺利!

B 祝你学习取得好成绩!

张 谢谢你们! 为我们的友谊干杯!

A 一定要常常和我们联系。

张 我一到那儿就给你们打电话。

B 你一定要注意身体。

张 我一定注意身体。谢谢!

5 A 时间过得真快，你来中国已经一年多了。

大卫 是啊。虽然学习很紧张，但是我过得很愉快。

B 刚来中国的时候，你的汉语不太好，现在已经好多了。

大卫 谢谢你们对我的帮助。

C 我们把联系方式都记在手机上了。希望以后我们能常联系。

大卫 好的，我一定常常给你们打电话，发微信。

A 祝你回国后，生活愉快。

大卫 谢谢，也祝大家生活愉快。

A 祝你一路顺风。

大卫 谢谢你。

6 해석

나는 이곳에서 중국어를 3개월 배웠고, 다음 주 월요일에 귀국한다. 비록 내가 중국에서 머문 시간은 길지 않지만, 많은 중국 친구들과 다른 나라 친구들을 알게 되었다. 우리들의 우정은 점점 깊어졌고, 나는 그들과 헤어지기가 정말 서운하다. 나중에 기회가 된다면 나는 꼭 다시 중국에 올 것이다.

38 여기가 짐을 부치는 곳입니까?

회화

1

리우징 짐이 이렇게 많으니 비행기를 타면 분명 중량을 초과할 거야.

가즈코 그럼 어떻게 하지?

왕란 해상 운송으로 보낼 수 있어. 돈도 절약되고 매우 편리해.

리우징 맞아. 해상 운송은 비교적 저렴해.

가즈코 해상 운송은 얼마나 걸릴까?

리우징 확실히 기억나지는 않아. 고객센터에 전화해서 물어보자.

가즈코 좋아. 내가 지금 바로 전화할게.

2

가즈코 문의 좀 드릴게요. 짐을 운송하시나요?

고객센터 직원 네. 어디로 보내려고 하시는데요?

가즈코 일본이요. 시간이 얼마나 걸릴까요?

고객센터 직원 한 달 좀 넘게 걸립니다.

가즈코 운송비는 어떻게 계산하죠?

고객센터 직원 이 가격표에 따라 요금을 받습니다. 보통 무게 기준이든 부피 기준이든 모두 가능해요. 짐을 가지고 오세요.

가즈코 짐이 너무 커서 혼자 옮길 수가 없는데요.

고객센터 직원 괜찮습니다. 고객 편의를 위해 저희가 가지러 갈 수도 있습니다.

가즈코 너무 좋네요.

표현

1 응용 표현

❶ **비행기를 탄다면 당신의 짐은 분명 중량을 초과할 거예요.**

운전을 한다면 여러분은 꼭 안전에 주의해야 해요.

눈이 내리면 길이 미끄러울 거예요.

방학하면 그들은 꼭 여행을 떠나요.

❷ **나는 잘 기억나지 않습니다.**

나는 다 할 수 없습니다.

나는 깨끗이 빨 수 없습니다.

나는 옮길 수 없습니다.

나는 갈 수 없습니다.

❸ **당신은 물건을 운반해 와도 됩니다.**

당신은 왕 의사 선생님을 모셔와도 됩니다.

당신은 이 가방을 가져가도 됩니다.

당신은 수리한 손목시계를 가져와도 됩니다.

2 확장 회화

❶ 1개월의 수도세와 전기세, 방세가 적지 않다.

❷ 전에 국제교류센터에서 그를 본 적이 있어.

❸ 문의 좀 드릴게요. 내일 대사관이 업무를 보나요?

연습문제

1
❶ 天太黑，我看不清楚黑板上的字。
❷ 这张桌子很重，我一个人搬不动。
❸ 我的中文水平不高，还看不懂中文小说。
❹ 从这儿海运到东京，一个月到得了吗？
❺ 这本杂志，你一个星期看得完吗？
❻ 我们只见过一面，他的名字我记不住。

2
❶ 那儿不但名胜古迹很多，而且风景很美。
❷ 抽烟不但对自己的身体不好，而且对别人的身体也不好。
❸ 他不但会说汉语，而且会说英语。
❹ 昨天在欢送会上不但我们班的同学表演了节目，而且别的班的同学也都演了节目。

3
❶ 为了学习更多的中国文化，我要去旅行。
❷ 为了提高汉语水平，我们要多听多说。
❸ 为了安全，你别骑快车了。
❹ 为了布置房间，我买了一张画儿。

4 **A** 你好，我有一个快递要寄。
B 您要寄到哪里？
A 寄到上海，多少钱？
B 不超重是15元，超重的一公斤加4元。
A 几天能到上海？
B 应该一周就能到。
A 好的，谢谢。

5 **A** 你去哪儿？
B 我要去托运行李。
A 要运到哪儿？
B 运到上海。
A 从这儿到上海要几天？
B 七八天。
A 运费贵吗？
B 不太贵。
A 你拿得动吗？要不要我帮忙？
B 不用了，谢谢你，我拿得动。

6 해석

샤오리우는 한국에 가려고 하는데, 어느 정도의 짐을 부칠 수 있는지 몰랐다. 샤오장은 프랑스에 가 본 적이 있는데, 프랑스에 갈 때와 한국에 갈 때는 같다. 짐을 20kg 부칠 수 있고, 5kg의 작은 가방을 가지고 갈 수 있다. 샤오리우는 물건이 많은 편이어서, 샤오장은 샤오리우에게 배를 이용하면 많이 부칠 수 있고 게다가 가격이 비교적 싸다고 했다. 샤오리우는 그게 좋은 생각이라고 생각했다.

39 당신을 공항까지 배웅할 수 없습니다

회화

1

왕란　준비는 잘 돼 가?
메리　지금 짐을 정리하고 있어. 봐, 어지럽지?
왕란　도중에 쓸 물건은 핸드백에 넣어. 그래야 쓰기 편하니까.
메리　그래. 몸에 지니고 가는 물건은 많지 않아. 트렁크 두 개는 이미 부쳤어.
왕란　정말 미안한데, 공항까지 널 배웅할 수 없어.
메리　괜찮아. 볼일 봐.
왕란　아직 처리하지 못한 일이 있으면 내가 대신 해 줄게.
메리　여기 책 몇 권을 친구에게 보내 주고 싶은데, 택배 부를 틈이 없었어.
왕란　문자나 위챗으로 주소를 알려 줘. 내가 대신 택배 보내 줄게.

2

데이비드　왔구나, 기다리고 있었어!
리우징　짐 정리는 다 했니?
데이비드　대충 했어. 이번에는 기차도 타고 비행기도 타야 해서 굉장히 번거로워.
리우징　그래. 밖에 나가면 집에 있는 것과는 달리 번거로운 일이 많지. 이 가방 몇 개는 들고 가야 하는 거야?
데이비드　응. 다 가벼워.
리우징　작은 가방 네 개보다 큰 가방 두 개가 나을 텐데.
데이비드　좋은 생각이다!
리우징　새로 정리하는 걸 도와줄게.
데이비드　또 너에게 폐를 끼치네.
리우징　무슨 소리야.
데이비드　그리고 만약 나에게 온 편지가 있으면 전해 줘.
리우징　그래.

표현

1 응용 표현

❶ **토요일이나 일요일에 내가 너를 대신해 사진을 찾으러 갈게.**

토요일이나 일요일에 형이 나를 대신해 등록하러 간다.

토요일이나 일요일에 내가 엄마를 대신해 마중 나갈게요.

토요일이나 일요일에 내가 친구를 대신해 전기요금을 내러 간다.

❷ **큰 가방 두 개가 작은 가방 두 개보다 낫다.**

저 신발이 이 신발보다 튼튼하다.

저 길이 이 길보다 조용하다.

저 차가 이 차보다 맛있다.

❸ **당신이 아직 처리 못한 일이 있으면 내가 대신 처리할게요.**

당신이 아직 이해하지 못한 상황이 있으면 내가 설명할게요.

당신이 아직 모르는 어휘가 있으면 내가 번역할게요.

당신이 아직 못 산 물건이 있으면 내가 살게요.

2 확장 회화

❶ 내가 병실에 들어가 그를 보았을 때, 그는 평온하게 누워 있었다.

❷ 차가 출발하려면 아직 10분 남았지만, 돌아가서 문을 닫을 시간은 안 될 것 같아요. 죄송하지만 저 대신 문을 닫아 주세요.

연습문제

1 ❶ 你这星期走还是下星期走?

❷ 你坐飞机去还是坐火车去?

❸ 今天或者明天，我去看你。

❹ 这次旅行，我们先去上海还是先去桂林?

❺ 我们走着去或者骑自行车去，别坐公共汽车，公共汽车人太多。

❻ 现在，我们收拾行李还是去和同学们告别?

2 ❶ 我的手提包不如她的漂亮。

❷ 北京的春天不如我们那儿暖和。

❸ 那个公园不如这个公园安静。

❹ 小王的主意不如你的好。

3 ❶ 今天有我一个快递，可是现在我有事。你寄快递的话，请你替我取一下快递，好吗?

❷ 我也喜欢这种糖，你去买东西的时候，替我买一包糖吧。

❸ 现在我出去一下儿，要是有电话来你替我接一下吧。

❹ 我头疼，不去上课了，你看见老师的时候，替我请一天假吧。

4 A 小刘，你去广州出差，是吗?

刘 是的。你们有什么事要我替你们做吗?

B 没事。广州比这儿热得多，你要多注意身体!

刘 谢谢! 我回来的时候，给你们带一些水果。

A 不用了，这儿也有很多水果。

刘 不一样，这儿的水果不如广州的新鲜。

B 那先谢谢你了!

5 A 你什么时候出国?

B 下个星期二。

A 你的东西都整理好了吗?

B 都整理好了。

A 我们国家冬天比中国冷，你要多注意身体。

B 好的，谢谢你。

6 해석

니나는 오늘 귀국한다. 우리는 그녀를 보러 그녀의 기숙사에 갔다. 그녀는 짐을 다 정리하고, 택시를 기다리고 있었다. 벽에 그녀의 외투가 걸려 있는 게 보여 잊어버린 거 아니냐고 물었더니, 그녀는 아니라면서 갈 때 다시 입을 거라고 했다. 다 쓰지 못한 런민비를 바꿨는지 그녀에게 물었더니 공항에서 바꿀 거라고 했다. 그제야 우리는 안심이 되었다. 택시가 도착하자, 우리는 그녀의 짐을 들어 주고 그녀가 차에 탈 때까지 배웅했다.

40 가시는 길에 평안하시길 빕니다

회화

1

리우징 이륙하려면 아직 멀었어.

메리 우리 대합실 가서 잠시 앉아 있자.

왕란 장리잉이 아직 안 왔어.

리우징 저기 봐, 뛰어오고 있네.

장리잉 차가 너무 막혀서 시간이 지체되어서 늦었어.

리우징 안 늦었어. 너 딱 맞춰서 왔어.

왕란 아이고, 땀까지 흘리며 뛰어왔구나.

메리 어서 앉아서 시원한 음료수 좀 마셔.

리우징 너 여권을 트렁크 안에 넣은 거 아니지?

메리 몸에 잘 가지고 있어.

왕란 너 들어가야겠다.

장리잉 이따가 출국 수속도 해야 하니까.

2

왕란 짐 여기 있어. 잘 챙겨. 세관검사 준비해.

장리잉 가는 길에 몸조심하고.

리우징 우리와 자주 연락하자.

왕란 너 우리를 잊지 마.

메리 잊을 리가 없지. 내가 도착하면 위챗 보낼게.

리우징 가족들에게 안부 전해 줘!

왕란 앤 양에게도 안부 전해 줘!

모두 조심히 잘 가!

메리 안녕!

모두 안녕!

표현

1 응용 표현

❶ **너 여권을 트렁크 안에 넣지 않았지?**

너 모자를 자동차에 두고 오지 않았지?

너 열쇠를 방 안에 두고 잠그지 않았지?

너 우유를 냉장고에 넣지 않았지?

❷ **우리를 잊지 말아요.**

이 일을 지체하지 말아요.

이 펜을 잃어버리지 말아요.

그 말을 잊지 말아요.

❸ **자주 편지 보내길 바랍니다.**

열심히 공부하기 바랍니다.

잘 생각하기 바랍니다.

계속해서 발전하기 바랍니다.

열심히 일하기 바랍니다.

2 확장 회화

❶ 오늘 우리는 퇴근하고 전시회를 보러 갔다.

❷ 어제 나는 출근하지 않고 친구를 마중 나갔다. 내가 갔을 때, 그는 입국수속을 하고 있었다.

연습문제

1 这两天看足球比赛耽误了学习。

路上车太多，耽误了时间。

大卫最近学习很努力，进步很大。

这件衣服不大不小穿着很合适。

我想学习汉语，可是没有合适的时间。

回国后，我会努力工作。

2 ❶ 这次考试希望取得好成绩。

❷ 你回国以后希望你常常跟我们联系。

❸ 你在医院要听大夫的话，好好儿休息，希望你能快点儿好起来。

❹ 爸爸妈妈都希望我能找到一个好工作。

⑤ 我第一次来中国，希望能在中国生活得很愉快。

⑥ 这次旅行希望你们玩儿得高兴。

3 ① A | 她昨天没把练习做完。

② B | 他今天晚上不把这张画儿画完，就不休息。

③ A, D | 昨天我们下了课就去参观了。

④ A | 他每天吃了饭就去外边散步。

4

尼娜要回国了，我们为她开了一个欢送会。那天特别热闹，同学们一边聊天儿一边喝茶，还演了不少节目。我们说希望她回国以后常联系，而且替我们向她全家问好，祝她一路平安。

5 A 小李，你这次出差去多长时间？

B 可能要去一个星期。

A 出差很累，你要注意身体。

B 谢谢，我一定注意。你要买什么东西吗？

A 不买。太麻烦了。

B 不麻烦，我可以顺便给你带回来。

A 不用了。祝你一路平安！

B 谢谢！

6

我来中国的时候，家里人给我开了欢送会。那天我家人都来了，大家一边吃饭，一边聊天。我妈妈很舍不得我。虽然妈妈很高兴我能来中国留学，但是她也很担心我在中国生活不习惯。爸爸说要经常给家里打电话。他们都会非常想念我。来中国那天，家人都到机场去送我。哥哥工作太忙，没有来，除了哥哥以外，其他人都来了。而且还带来了很多礼物。原来家人很担心我在中国的生活。但是现在我告诉他们我在中国生活得很愉快，他们都放心了。

7 해석

여동생이 이번에 집을 떠나 영국으로 유학을 떠난다. 온 가족이 그녀를 공항까지 배웅한다. 여동생의 두 개의 짐은 나와 아버지가 대신해 들었다. 엄마는 걱정스러운지 여동생에게 안전에 주의하고 감기에 걸리지 말라고 말씀하셨다. 또 영국에 도착하면 전화해서 그곳의 상황을 알려 달라고 하셨다. 아버지는 어머니가 말이 많다며 동생은 어린아이가 아니니 밖에서 단련해야 한다고 하셨다. 어머니는 "속담 중에 '자식이 먼 길을 떠나면 어머니의 걱정은 끝이 없다'라는 말이 있어요. 자식이 그렇게 먼 곳으로 가는데, 당연히 마음을 놓을 수 없죠. 내가 어떻게 말을 안 할 수가 있어요?"라고 말했다.

복습 8

상황 회화

1

왕 우리 역으로 들어가자.

한스 여기까지만 배웅해 주고 너는 돌아가.

왕 아니야. 이미 플랫폼 표를 샀는걸. 자, 트렁크 이리 줘. 내가 들어 줄게.

한스 내가 들 수 있어.

왕 괜찮아. 넌 가방을 들어, 내가 트렁크를 들게. 봐, 이게 국제열차야.

한스 난 9호 객실이야.

왕 앞에 있는 객실이 9호야.

2

왕 한스, 트렁크는 선반 위에 올려놔.

한스 이 가방도 선반 위에 올려놓아야 하나?

왕 그 가방은 좌석 아래에 둬. 물건 꺼내기 편하게.

한스 차가 출발하려면 아직 멀었으니 좀 앉아 있어.

왕 너 여권은 지니고 있니?

한스 앗! 내 여권이 왜 없지?

왕 서두르지 말고 잘 생각해 봐. 잃어버린 건 아니지?

한스 맞다! 가방 안에 두었어. 내 기억력 정말 안 좋다니까.

왕 차가 곧 출발하겠다. 난 내릴게. 도착하면 연락해.

한스 꼭 할게.

왕 가족들에게 안부 전해 줘! 조심히 잘 가!

한스 고마워! 안녕!

실전 연습

1 ❶ 回国前，我向老师和同学们告别，我告诉大家，我在中国生活得非常愉快，虽然学习很紧张，但是很有意思。在生活中，同学和老师给我很多帮助，我生病的时候同学和老师都很关心我，照顾我。我一定不会忘了大家，回国后，也会常常给大家打电话，发短信，欢迎老师和同学们到我们国家来玩儿！

❷ 我参加过同学的欢送会，在欢送会上，老师准备了很多好吃的，还有饮料。同学们表演了精彩的节目，有汉语节目，也有英语、韩语的节目，都非常有意思。最后，同学们留下了自己的联系方式，大家都说要常常打电话，发短信。要常常联系。大家还一起拍了照片留作纪念。

2 ❶ A 张东，我下周要回国了，我来向你告别。
B 日子过得真快，你来中国已经一年多了。真舍不得你走。
A 我也很舍不得你和朋友们。这段时间，谢谢你对我的照顾。
B 你太客气了，对你的照顾很不够。
A 给你们添了不少麻烦。
B 哪儿的话。对了，你的行李都收拾好了吗？
A 都收拾好了。
B 你哪天走？到时候我去机场送你。
A 你的学习很忙，不用送，谢谢你。
B 没什么。祝你一路平安！
A 谢谢！

❷ A 我要走了，大家再见！
B 祝你一路平安！
A 谢谢！ 你们也多保重。
B 请替我们向你的家人问好。
A 谢谢，我一定告诉他们。
B 我把联系方式都记在手机上了。希望你常来信。
A 我会的，一定常常联系。再见！
B 再见！

❸ A 请问，这儿能托运吗？
B 可以，你要托运什么？
A 我要托运衣服和书。可以海运吗？
B 可以，运到哪儿？
A 运到韩国。需要多长时间？
B 到韩国大概一周。请在这里写一下您的姓名、地址、电话。
A 运费怎么算？
B 按照重量和路程收费。
A 给您表，我填写完了。
B 好的，可以了。

3 A 你什么时候走？
B 我下周三走。
A 你的行李怎么带回去？
B 都托运了。谢谢你的照顾。
A 哪儿啊，照顾得很不够。
B 请替我向你的家人问好。
A 我一定转告。请问你们全家好。
B 谢谢你，我也一定转告。
A 祝你一路平安！ 再见！
B 再见。

단문 독해

오늘 저녁에 중미 양국의 배구 경기가 있다. 양국의 여자 배구팀은 실력이 매우 훌륭하다. 나는 보고 싶었지만, 표를 사지 못했기 때문에 기숙사에서 텔레비전을 보는 수밖에 없었다.

이번 경기는 매우 흥미진진했다. 2세트까지의 스코어는 1대1이었다. 지금은 3세트인데 벌써 12대12이다. 곧 결과를 알 수 있을 것이다. 바로 이때 왕란이 들어와 미국인 두 명이 아래층 로비에서 나를 기다리고 있다고 했다. 그들은 막 미국에서 온 사람들이었다. 나는 배구 경기를 볼 수 없어서 너무 안타까웠다.

나는 걸어가면서 생각했다. 이 두 사람은 누구일까? 맞아. 언니가 이메일을 보내서 친구 두 명이 베이징에오는데 어떤 물건들을 가지고 가야 하는지 물어봤었지. 분명히 언니의 친구들이 온 것이다.

로비에 도착해서 보니, 아! 바로 언니와 형부였다. 난 너무 기뻤다. 바로 언니에게 물어보았다. "왜 온다고 나에게 알리지 않았어?" 두 사람은 웃었다. 그리고 언니가 말했다. "너에게 먼저 말해 주면 재미가 없잖아."

MP3 파일 다운로드 및 실시간 재생 서비스
받아쓰기 노트 PDF 다운로드

제5판 301句로 끝내는 중국어 회화 하

편저 康玉华 · 来思平
편역 최용철
감수 DUAN LI(段丽)
펴낸이 정규도
펴낸곳 (주) 다락원

제1판 1쇄 발행 1999년 8월 18일
제2판 1쇄 발행 2004년 3월 1일
제3판 1쇄 발행 2006년 12월 8일
제4판 1쇄 발행 2017년 10월 30일
제5판 1쇄 발행 2026년 1월 20일

편집장 이상윤
편집 박소정, 김현주
디자인 박나래
조판 정규옥
일러스트 박하

녹음 郭洋, 朴龙君, 권영지

다락원 경기도 파주시 문발로 211
전화 (02)736-2031 (내선 250~252/내선 430, 437, 561)
팩스 (02)732-2037
출판등록 1977년 9월 16일 제406-2008-000007호

ISBN 978-89-277-2356-1 14720
978-89-277-2354-7 (set)

www.darakwon.co.kr

다락원 홈페이지를 방문하시면 상세한 출판 정보와 함께 동영상 강좌, MP3 자료 등 다양한 어학 정보를 얻으실 수 있습니다.